CHENGBENKUAIJI

成本会计

职业教育商贸、财经专业教学用书

习题集（第五版）

主 编 蒋耀琴

华东师范大学出版社

·上海·

图书在版编目(CIP)数据

成本会计习题集/蒋耀琴主编. —5 版. —上海:华东师
范大学出版社,2016.4
　ISBN 978 - 7 - 5675 - 5181 - 7

　Ⅰ.①成…　Ⅱ.①蒋…　Ⅲ.①成本会计-习题集
Ⅳ.①F234.2 - 44

中国版本图书馆 CIP 数据核字(2016)第 092203 号

成本会计
习题集(第五版)

职业教育商贸、财经专业教学用书

主　　编　蒋耀琴
责任编辑　李　琴
审读编辑　何　晶
装帧设计　蒋　克

出版发行　**华东师范大学出版社**
社　　址　上海市中山北路 3663 号　邮编 200062
网　　址　www. ecnupress. com. cn
电　　话　021 - 60821666　行政传真 021 - 62572105
客服电话　021 - 62865537　门市(邮购)电话 021 - 62869887
地　　址　上海市中山北路 3663 号华东师范大学校内先锋路口
网　　店　http://hdsdcbs. tmall. com

印 刷 者　江苏常熟市文化印刷有限公司
开　　本　787 毫米×1092 毫米　1/16
印　　张　9.25
字　　数　180 千字
版　　次　2016 年 7 月第 5 版
印　　次　2024 年 7 月第 13 次
书　　号　ISBN 978 - 7 - 5675 - 5181 - 7/G·9457
定　　价　16.00 元

出版人　王　焰

前 言（第五版）

QIANYAN

本习题集是为了配合《成本会计（第五版）》教材而编写的。习题形式有填空、单项选择、多项选择、判断说明、简答、核算和实训题共七种。作者在编写习题时，严格按照教材内容编写，习题量丰富，习题内容完整，并且由易到难，由浅入深。在重点章节中，还配备了核算题、实训题，便于广大教师教学，也便于学生边学边练。其目的在于提高学生的学习兴趣，增强学生的实践操作能力，加深学生对成本会计理论的理解并提高成本会计实务的处理水平。

第五版习题集以 2007 年 1 月 1 日起实施的《企业会计准则》和 2013 年 1 月 1 日起实施的《小企业会计准则》为依据，结合近年来政府陆续出台的会计政策、细则，作了以下修改：

① 在广泛听取读者的实际使用意见的基础上，对习题中存在的错误和不当之处进行了进一步的修正；

② 增加了成本会计综合练习。

在习题集的编写过程中，虽然作者倾尽了心血和经验，也难免会存在不足和错误之处。在此，殷切希望广大教师和学生提出批评意见，以便今后改正。

编 者
2016 年 7 月

目 录

MULU

成本会计·习题集

第一章 成本会计总论

一、填空题

1. 产品成本，是指工业制造企业为了_____而发生的各种耗费。

2. 成本会计的对象是成本会计所要_____的内容。

3. 企业在生产过程中耗用的原材料，其价值应随着实物的领用而_____到所制造的产品成本中去，构成产品生产成本的一部分。

4. 企业在生产过程中为获得职工为其提供的劳务而支付的_____以及其他相关支出，应计入有关的产品成本。

5. 企业在生产过程中使用的固定资产，应当按月_____，使其价值_____，并计入有关的产品成本。

6. 企业为销售产品而发生的各种费用，构成了企业的_____。

7. 企业行政管理部门为组织和管理生产经营活动而发生的各种费用，称为_____。

8. 企业为筹集生产经营所需资金而发生的费用就是企业的_____。

9. _____、_____、_____都作为期间费用，直接计入_____，从_____中扣除，不计入产品成本。

10. 工业制造企业成本会计的对象包括生产经营过程中_____、_____以及_____。

11. 现代成本会计的职能包括_____、_____、_____、_____、_____、_____和_____。

12. 成本核算的原则有_____、_____、_____、_____、_____。

13. 受益原则是指将归集的生产费用进行分配时，应当按照各受益对象进行分配，即_____、_____、_____、_____。

14. 企业应根据本单位_____、_____和_____以及成本会计业务的需要等具体情况来设置成本会计机构。

15. 成本会计的法规和制度主要有_____、_____以及_____等。

二、单项选择题

（ ）1. 工业制造企业成本会计的对象是_____。

A．生产经营过程中生产费用的支出

B．产品成本的计算

C．期间费用的发生和归集

D．生产经营过程中生产费用的支出、产品成本的计算以及期间费用的发生和归集

（　）2. 成本会计的基本职能是_____。

A．预测和决策　　　　　　　　B．反映和监督

C．计划和控制　　　　　　　　D．分析和考核

（　）3. 在成本会计的各项职能中，_____是最基本的职能。

A．成本预测　　　　　　　　　B．成本计划

C．成本核算　　　　　　　　　D．成本分析

（　）4. 以成本、费用是否实际发生和是否应由本期负担为标准来确认本期成本、费用的原则是_____。

A．会计分期核算原则　　　　　B．实际成本核算原则

C．权责发生制原则　　　　　　D．重要性原则

三、多项选择题

（　）1. 从狭义的角度来说，产品成本是工业制造企业的生产车间为生产产品和管理生产经营活动而支出的各种耗费，包括生产过程中实际消耗的_____。

A．原材料

B．燃料和动力

C．生产工人工资

D．各项制造费用

E．期间费用

（　）2. 成本的作用主要表现为_____。

A．补偿生产耗费的量度

B．综合反映企业生产经营活动质量的重要指标

C．企业对外报告的主要内容

D．制定产品价格的重要依据

E．进行生产经营决策的关键因素

（　）3. 企业应根据_____来组织成本会计工作。

A．本单位生产经营情况的特点　　B．满足对外报告的需要

C．本单位生产规模的大小　　　　D．本单位成本管理的要求

E．成本会计业务的需要

（　）4. 与成本会计有关的法规和制度主要有_____。

A．会计法　　　　　　　　　　B．现金流量表

C．企业会计制度　　　　　　　D．债务重组

E．会计基础工作规范

（　）5. 以下属于成本会计职能的有_____。

A. 成本预测和决策   B. 成本计划和控制

C. 成本核算和分析   D. 成本法规和制度

E. 成本考核

四、判断说明题（对错误的请加以说明）

（　　）1. 成本会计的对象是企业在一定时期内发生的、用货币表现的料、工、费等生产耗费。

说明：

（　　）2. 期间费用包括管理费用、财务费用和生产费用。

说明：

（　　）3. 期间费用不计入产品成本，但它们与产品成本有着密切的联系，也是成本会计反映和监督的内容。

说明：

（　　）4. 成本会计的任务是为企业经营管理提供必要的信息，降低成本，提高经济效益。

说明：

（　　）5. 实际成本核算原则指企业的财产物资在取得时只能按照实际成本计量。

说明：

五、简答题

1. 什么是成本？成本有哪些作用？

2. 如何理解实际成本核算原则？

第二章　工业制造企业产品成本核算概述

一、填空题

1. 成本核算就是要根据国家有关法规和制度规定,对各项费用支出进行_____、_____和_____的审核和控制。

2. 用于购建_____、购买_____、_____等经济活动不是企业日常的生产经营管理活动,其发生的费用属于_____,不应计入产品生产成本或期间费用。

3. 企业会计制度明确规定,企业必须分清_____和_____的界限,不得任意预提或摊销费用。

4. 对财产物资_____并_____也是成本核算的要求。

5. 企业的各项财产物资在取得时应当按照_____计量。

6. 成本核算方法前后各期应当_____,不得_____,以防止人为调节成本和费用的错误做法。

7. 为了进行成本管理,正确计算成本,必须建立和健全材料物资的_____、_____、_____和_____制度。

8. 企业应根据生产经营特点和管理要求,确定适合本企业的_____、_____和_____。

二、单项选择题

(　　) 1. 为了正确计算产品成本,必须正确划分_____的界限。
   A. 生产经营管理费用和非生产经营管理费用
   B. 待摊费用和预提费用
   C. 管理费用和财务费用
   D. 制造费用和期间费用

(　　) 2. 为了正确计算产品成本,应该做好的成本核算的基础工作是_____。
   A. 确定成本计算对象
   B. 材料物资的计量、收发、领退和盘点
   C. 正确划分各种费用界限
   D. 选择适当的产品成本计算方法

(　　) 3. 下列不能计入产品成本的费用是_____。
   A. 燃料和动力
   B. 生产工人工资
   C. 基本生产车间管理人员工资

D．期间费用

（　）4．下列应计入产品成本的费用是_____。

A．职工教育经费

B．基本生产车间机器设备的修理费

C．离退休人员的退休金

D．因筹资支付给银行的手续费

（　）5．"生产成本——基本生产成本"账户核算的内容是_____。

A．销售产品发生的广告费　　　B．生产产品发生的各项费用

C．按规定支付的房产税、印花税等　D．工会经费

（　）6．"生产成本——辅助生产成本"账户核算的内容不包括_____。

A．辅助生产车间自制材料发生的各项费用

B．辅助生产车间自制工具发生的各项费用

C．辅助生产车间人员的工资

D．辅助生产车间的产品参加展销活动支付的费用

三、多项选择题

（　）1．下列各项中，为了正确计算产品成本，必须正确划分的费用界限有_____。

A．生产费用和期间费用的界限　　B．产品销售费用与管理费用的界限

C．各期产品成本的费用界限　　　D．各种产品的费用界限

E．完工产品与月末在产品的费用界限

（　）2．为了正确计算产品成本，必须做好的各项基础工作有_____。

A．定额的制定和修订

B．做好各项原始记录

C．材料物资的计量、收发、领退和盘点

D．正确选择各种分配方案

E．正确确定财产物资的计价和价值结转方法

四、判断说明题

（　）1．为了正确计算产品成本，应该正确划分各期产品成本的费用界限。

说明：

（　）2．为了正确计算产品成本，应该、也可能绝对正确地划分完工产品和在产品的费用界限。

说明：

（　）3．企业生产工人工资及福利费、生产车间管理人员工资及福利费都应该计入直接人工成本项目。

说明：

（　）4．"生产成本——辅助生产成本"账户月末应无余额。

说明：

五、简答题

1. 工业制造企业成本核算的要求有哪些？

2. 成本核算的一般程序是什么？

第三章 工业制造企业生产费用的归集与费用 在各种产品之间横向分配的核算

一、填空题

1. 工业制造企业的材料包括 _____ 、_____ 、_____ 、_____ 、_____ 、_____ 等。

2. 直接用于产品生产,构成产品实体或有助于产品形成的材料费用,应计入 _____ _____ 账户。

3. 生产几种产品共同耗用的材料费用,常用的分配方法有按产品的 _____ 或 _____ 比例分配。

4. 支付外购动力费用时,一般借记 _____ 账户,贷记 _____ 账户。

5. 在生产两种或两种以上产品的车间,动力费用一般按 _____ 比例分配。

6. 基本生产车间用来生产产品的机器设备的折旧费,应先归集在 _____ 账户的借方。

7. 如果按季结算的利息费用数额较大,则应按照 _____ 原则要求,正确划分各个月份的费用界限。

8. 计入经营管理费用中管理费用的各种税金包括 _____ 、_____ 、_____ 和 _____ 。

9. 按税法规定计算出应交税金时,借记"管理费用"账户、贷记"应交税费"账户;实际缴纳时,借记"应交税费"账户、贷记"银行存款"账户的是 _____ 税、_____ 税和 _____ 税。

10. _____ 税可用现金或银行存款直接缴纳。缴纳时,借记 _____ 账户,贷记 _____ 或 _____ 账户。

11. _____ 是指企业已经支出,但应由本期和以后各期分别负担的分摊期在一年以内(包括一年)的各项费用。

12. _____ 是指企业按照规定从成本费用中预先提取但尚未支付的费用。

13. "其他应付款"账户期末如为贷方余额,反映企业 _____ ;如为借方余额,则反映企业实际支出的费用大于预提数的差额,是 _____ 。

14. 进行工具、模具、修理用备件等产品制作的辅助生产车间,当产品完工、验收入库时,借记 _____ 或 _____ 账户,贷记 _____ 账户。

15. 直接分配法不考虑各辅助生产车间之间 _____ 的情况。

16. 在生产一种产品的车间,制造费用是_____,应直接计入该种产品成本。

17. 在生产几种产品的车间,制造费用是_____,应采用适当的分配方法分配计入各种产品成本。

二、单项选择题

( ) 1. 基本生产车间一般耗用的材料费用,应借记"_____"账户,贷记"原材料"账户。
    A. 生产成本——基本生产成本　　　B. 生产成本——辅助生产成本
    C. 制造费用　　　　　　　　　　　D. 销售费用

( ) 2. "假退料"是指_____。
    A. 材料不动,只办理本月退料手续
    B. 材料退回,但不办理退料手续
    C. 材料不动,办理本月退料和下月领料手续
    D. 材料不动,办理本月退料和本月领料手续

( ) 3. 支付外购动力费用时,应借记"_____"账户,贷记"银行存款"账户。
    A. 预付账款　　B. 应付账款　　C. 其他应付款　　D. 成本、费用等

( ) 4. 预付费用的摊销期限_____。
    A. 没有统一规定　B. 最长为半年　　C. 最长为一年　　D. 最长为两年

( ) 5. 在实际工作中,作为预付费用处理的费用是_____的费用。
    A. 受益期超过一个月
    B. 金额较大或很大
    C. 受益期超过一个月而且金额较大
    D. 受益期超过一个月,不超过一年,而且金额较大

( ) 6. 固定资产租赁费_____。
    A. 作为预付费用处理
    B. 作为预提费用处理
    C. 固定资产先使用后支付租赁费的,作为预付费用处理
    D. 固定资产先支付租赁费后使用的,作为预付费用处理

( ) 7. "其他应付款"账户_____。
    A. 是负债账户　　　　　　　　　　B. 是资产账户
    C. 是负债和资产双重性账户　　　　D. 既不是负债账户,也不是资产账户

( ) 8. 按月预提行政办公用房保险费时,应借记的账户是"_____"。
    A. 预付账款　　B. 其他应付款　　C. 制造费用　　D. 管理费用

( ) 9. 辅助生产车间完工入库的修理用备件,应借记"_____"账户,贷记"生产成本——辅助生产成本"账户。
    A. 周转材料——低值易耗品　　　　B. 原材料
    C. 库存商品　　　　　　　　　　　D. 自制半成品

( )10. 直接分配法是将辅助生产费用_____的方法。
    A. 直接分配给所有受益单位

B. 直接分配给辅助生产车间以外各受益单位

C. 直接分配给辅助生产车间以内各受益单位

D. 直接分配给基本生产产品

（　）11. 制造费用是企业为生产产品和提供劳务而发生的各项＿＿＿＿＿＿。

A. 直接费用　　　　　　　　　　B. 间接费用

C. 直接计入费用　　　　　　　　D. 间接计入费用

三、多项选择题

（　）1. 直接用于产品生产、专设"直接材料"成本项目的生产成本——材料费用＿＿＿＿＿＿。

A. 是直接生产费用　　　　　　　B. 借记"基本生产成本"账户

C. 借记"制造费用"账户　　　　　D. 直接计入产品成本

E. 直接计入或分配计入产品成本

（　）2. 生产几种产品共同耗用的材料费用的分配标准有＿＿＿＿＿＿。

A. 按产品的材料定额消耗量比例分配

B. 按产品的产量比例分配

C. 按产品的体积比例分配

D. 按产品的材料定额费用比例分配

E. 按产品的工时比例分配

（　）3. 分配折旧费的会计分录可能是＿＿＿＿＿＿。

A. 借记"生产成本——基本生产成本"账户

B. 借记"制造费用"账户

C. 借记"管理费用"账户

D. 贷记"生产成本——辅助生产成本"账户

E. 贷记"累计折旧"账户

（　）4. 缴纳税金的会计分录可能是＿＿＿＿＿＿。

A. 借记"生产成本——基本生产成本"账户

B. 借记"制造费用"账户

C. 借记"管理费用"账户

D. 借记"应交税费"账户

E. 贷记"银行存款"账户

（　）5. 在实际工作中，作为预付费用处理的费用是＿＿＿＿＿＿的费用。

A. 受益期超过一个月　　　　　　B. 摊销期在半年以内

C. 摊销期在一年以内　　　　　　D. 金额较小

E. 金额较大

（　）6. 在实际工作中，作为预提费用处理的费用是＿＿＿＿＿＿的费用。

A. 受益期超过一个月　　　　　　B. 预提期在半年以内

C. 预提期在一年以内　　　　　　D. 金额较小

E. 金额较大

（　）7. "其他应付款"账户＿＿＿＿＿＿。

A. 应该是资产账户　　　　B. 应该是负债账户

C. 可能是资产账户　　　　D. 可能是负债账户

E. 属于负债和资产双重性质的账户

（　　）8. 生产工具、模具、修理用备件等产品的辅助生产车间，当产品完工、验收入库时，_____。

A. 借记"周转材料——低值易耗品"账户

B. 借记"原材料"账户

C. 贷记"生产成本——辅助生产成本"账户

D. 借记"制造费用"账户

E. 借记"管理费用"账户

（　　）9. 制造费用包括_____等。

A. 车间生产用的照明费

B. 生产用固定资产修理期间的停工损失

C. 车间生产用房屋及建筑物的折旧费

D. 车间机物料消耗

E. 车间管理人员工资及福利费

（　　）10. 发生制造费用时，应借记"制造费用"账户，贷记"_____"等账户。

A. 生产成本——基本生产成本　　B. 原材料

C. 应付职工薪酬——工资薪酬　　D. 应付职工薪酬——社会保险费

E. 累计折旧

四、判断说明题

（　　）1. "假退料"的办法是弄虚作假的办法。

说明：

（　　）2. 对于几种产品生产共同耗用的、并且构成产品实体的原材料费用，应该直接计入各种产品成本。

说明：

（　　）3. 在采用计件工资形式下，如果生产多种产品，则应采用一定的分配标准分配工资后再计入各种产品成本明细账的"直接人工"成本项目。

说明：

（　　）4. 对于产品生产、车间照明、取暖的动力费用，应计入各种产品成本明细账的"燃料和动力"成本项目。

说明：

（　　）5. 凡是固定资产折旧费，都是产品成本的组成部分，都应计入产品成本。

说明：

（　　）6. 计提折旧费用的会计分录是：借记"生产成本——基本生产成本"等账户，贷记"累计折旧"账户。

说明：

（　　）7. 利息费用一般按季结算支付；支付时，借记"预付账款"账户。

（　　）8. 企业缴纳房产税、车船税和土地使用税时，应借记"管理费用"账户，贷记"银行存款"账户。

说明：

（　　）9. 凡是受益期和支付期不一致且金额较大的费用，应该按照权责发生制的原则分别采用预付或预提的方法核算。

说明：

（　　）10. 某项费用如果金额较大，就可以作为预付费用或预提费用处理。

说明：

（　　）11. "预付账款"账户期末可能有借方余额、贷方余额，或者没有余额。

说明：

（　　）12. "其他应付款"账户期末可能有借方余额、贷方余额，或者没有余额。

说明：

（　　）13. "预付账款"账户是资产和负债双重性质的账户。

说明：

（　　）14. "其他应付款"账户一定是负债账户。

说明：

（　　）15. 实际工作中，受益期超过一个月的费用都作为预付费用或预提费用处理。

说明：

（　　）16. "其他应付款"账户是负债和资产双重性质的账户。

说明：

（　　）17. 租入的固定资产，如果先使用后支付租金，其费用应作为预付费用处理；如果先支付租金后使用，其费用应作为预提费用处理。

说明：

（　　）18. 辅助生产费用最终要全部转入基本生产的产品成本。

说明：

（　　）19. "生产成本——辅助生产成本"账户月末如果有余额，余额一定在借方。

说明：

（　　）20. 辅助生产费用的直接分配法，就是将辅助生产费用直接计入各种辅助生产产品或劳务成本的方法。

说明：

（　　）21. 采用直接分配法时，辅助生产费用分配率的分子是辅助生产车间费用总额，分母是该辅助生产车间提供的劳务总量。

说明：

（　　）22. 制造费用是企业为生产产品和提供劳务而发生的各项间接费用。

说明：

（　　）23. 制造费用是应该计入产品成本，但没有专设成本项目的各项生产费用。

说明：

（　　）24. 基本生产车间发生的费用均应直接借记"生产成本——基本生产成本"账户。

说明：

（　　）25. 制造费用都是分配计入产品成本的。

说明：

五、简答题

1. 如何进行材料费用的分配？

2. 什么是"假退料"？如何进行核算？

3. 如何进行工资费用的分配？

4. 如何进行外购动力费用的分配？

5. 如何进行固定资产折旧费用的分配?

6. 计入管理费用中的各种税金,在核算上有何不同?

7. "其他应付款"账户在核算上有何特点?

8. 生产产品的辅助生产车间与提供劳务的辅助生产车间在核算上有何区别?

9. 采用直接分配法分配辅助生产费用的特点和适用性是什么?

六、核算题

习题 3-1

【目的】练习材料发出成本确定的核算。

【资料】假定某工业制造企业 10 月 1 日结存 A 材料 30 吨,每吨单价 900 元,实际成本 27 000 元,10 月 15 日领用 18 吨;10 月 20 日购进 72 吨,每吨单价 1 000 元;10 月 25 日领用 26 吨。

【要求】按先进先出法计算发出材料的成本并登记材料明细账。

材料明细账

材料名称:A   计量单位:吨

| ××年 | | 凭证号数 | 摘　要 | 收入 | | | 发出 | | | 结存 | | |
月	日			数量	单价	金额	数量	单价	金额	数量	单价	金额
			期初结存									
			领用									
		(略)	购入									
			领用									
			本月合计									

习题 3-2

【目的】练习发出材料成本确定的核算。

【资料】假定某工业制造企业 10 月 1 日结存 B 材料 48 吨,每吨单价 621 元,实际成本 29 808 元;10 月 5 日购进 12 吨,每吨单价 600 元;10 月 10 日领用 40 吨;10 月 15 日购进 26 吨,每吨单价 612 元;10 月 20 日领用 35 吨;10 月 25 日购进 14 吨,每吨单价 620 元。

【要求】按全月一次加权平均法计算发出材料的成本并登记材料明细账。

材料明细账

材料名称:B   计量单位:吨

| ××年 | | 凭证号数 | 摘要 | 收入 | | | 发出 | | | 结存 | | |
月	日			数量	单价	金额	数量	单价	金额	数量	单价	金额
		(略)	期初结存									
			购进									
			领用									
			购进									
			领用									
			购进									
			本月合计									

材料单位成本 = —————————— =

本月发出材料成本 =

习题 3-3

【目的】练习发出材料成本确定的核算。

【资料】假定某工业制造企业 10 月 1 日结存 C 材料 3 000 千克,每千克单价 2 元,实际成本 6 000 元;10 月 8 日购入 2 000 千克,每千克单位成本 2.2 元;10 月 14 日发出 4 000 千克;10 月 20 日购入 3 000 千克,每千克单位成本 2.3 元;10 月 28 日发出 2 000 千克;10 月 31 日购入 2 000 千克,每千克单位成本 2.5 元。

【要求】按移动加权平均法计算发出材料的成本并登记材料明细账。

材料明细账

材料名称:C   计量单位:千克

××年		凭证号数	摘要	收入			发出			结存		
月	日			数量	单价	全额	数量	单价	全额	数量	单价	全额
			期初结存									
			购入									
			发出									
		(略)	购入									
			发出									
			购入									
			本月合计									

第一次购料后的平均单位成本 = —————————— =

第二次购料后的平均单位成本 = —————————— =

第三次购料后的平均单位成本 = —————————— =

习题 3-4

【目的】练习假退料的核算。

【资料】某企业基本生产车间根据领料单汇总 10 月份生产甲产品共领用 A 种材料 80 000 元,月末有剩余材料 12 000 元,但下月生产需继续使用。

【要求】进行有关会计处理。

习题 3-5

【目的】练习材料费用的分配。

【资料】某企业基本生产车间生产甲、乙两种产品,共同耗用 A 种材料 118 230 元,本月生产甲产品 1 000 件,乙产品 500 件,单件产品原材料消耗定额为:甲产品 15 千克,乙产品 12 千克。

【要求】

(1)按原材料定额消耗量比例,分配计算甲、乙产品应分配的原材料费用。

(2)编制会计分录。

习题 3-6

【目的】练习材料费用的分配。

【资料】某企业基本生产车间生产丙、丁两种产品,共同耗用 B 种材料 15 776 元,本月生产丙产品 700 件,丁产品 600 件,单件产品原材料消耗定额为:丙产品 8 元,丁产品 10 元。

【要求】

(1) 按原材料定额费用比例,分配计算丙、丁产品应分配的原材料费用。

(2) 编制会计分录。

习题 3-7

【目的】练习工资费用分配的核算。

【资料】某企业基本生产车间生产工人的计时工资共计 79 520 元,按甲、乙两种产品的生产工时比例分配,甲产品生产工时 3 200 小时,乙产品生产工时 2 400 小时;基本生产车间管理人员工资 6 138 元;辅助生产车间生产工人工资 12 225 元,管理人员工资 3 618 元;行政管理部门人员工资 11 039 元。应付工资总额为 112 540 元。

【要求】

(1) 按生产工时比例分配甲、乙产品应分配的工资费用。

(2) 编制分配工资费用的会计分录。

习题 3-8

【目的】练习计提职工社会保险费和住房公积金的核算。

【资料】根据习题 3-7 的资料。

【要求】

（1）按工资总额 32.7％的比例计提社会保险费。

（2）按工资总额 7％的比例计提住房公积金。

（3）编制计提社会保险费和住房公积金的会计分录。

习题 3-9

【目的】练习工会经费和职工教育经费的计提。

【资料】根据习题 3-7 的资料。

【要求】

（1）按工资总额 2％计提工会经费。

（2）按工资总额 2.5％计提职工教育经费。

（3）编制计提工会经费和职工教育经费的会计分录。

习题 3-10

【目的】练习外购动力费用的核算。

【资料】某企业基本生产成本专设"燃料和动力"成本项目，本月份共耗电 80 000 度，其中基本生产车间耗电 64 800 度（动力用电 60 000 度，照明用电 4 800 度）；辅助生产车间耗电 9 000 度；行政管理部门用电 6 200 度。每度电的单价为 0.6 元。基本生产车间生产甲、乙两种产品，动力用电按生产工时比例分配，甲产品生产工时为 48 000 小时，乙产品为 24 000 小时。

【要求】

（1）计算甲、乙产品应分配的电费。

（2）编制分配电费的会计分录。

习题 3-11

【目的】练习税金费用的核算。

【资料】某企业本月份应交车船税 10 000 元，房产税 9 604 元，共计 19 604 元，通过银行存款支付；开出支票购买印花税票 40 260 元，分月使用，作为待摊费用处理，当月使用印花税税票 9 760 元。

【要求】编制有关会计分录。

习题 3-12

【目的】练习预付费用的核算。

【资料】某企业 10 月初开出支票预付第四季度车间固定资产租金 31 200 元。

【要求】

（1）编制支付和摊销租金的会计分录。

（2）登记"预付账款"的 T 字形账户。

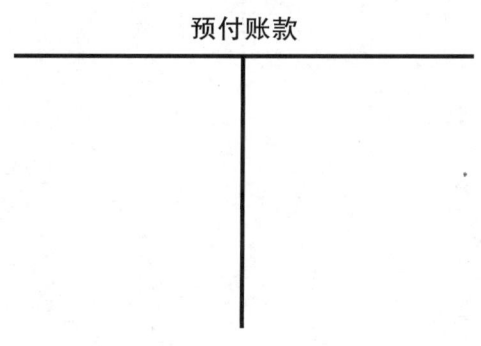

预付账款

习题 3-13

【目的】练习预提费用的核算。

【资料】某企业的短期借款利息采用按计划分月平均预提、季末结算的办法。第二季度按计划每月预提 4 320 元，6 月末银行通知已从该企业银行存款账户中支付全季利息 13 000 元。

（1）编制预提和实际支付利息费用的会计分录。

（2）登记"应付利息"的 T 字形账户。

应付利息

习题 3-14

【目的】练习辅助生产费用归集的核算。

【资料】某企业辅助生产车间本月发生费用如下：

（1）生产产品和提供劳务领用原材料 50 000 元，机物料消耗 6 000 元。

（2）应付生产工人工资 11 000 元，管理人员工资 5 000 元。

（3）按工资总额的 32.7％计提社会保险费。

（4）按工资总额的 7％计提住房公积金。

(5) 计提固定资产折旧费 3 360 元。

(6) 开出支票支付其他各项费用共计 6 549.60 元。

【要求】编制辅助生产费用归集的会计分录。

习题 3-15

【目的】练习辅助生产费用分配的核算。

【资料】习题 3-14 中的辅助生产车间发生的费用中一部分用于生产一批工具,月末全部完工,实际成本为 33 100 元。其余费用是为各部门提供修理劳务而发生的,其中,为基本生产车间提供修理工时 5 600 小时,为行政管理部门提供劳务 3 200 小时,为专设的销售机构提供劳务 1 340 小时。

【要求】

(1) 编制生产工具完工入库的会计分录。

(2) 按受益原则分配辅助生产费用。

(3) 编制辅助生产费用分配的会计分录。

【目的】练习辅助生产费用分配的直接分配法。

【资料】某企业设有修理和供电两个辅助生产车间,本月发生的辅助生产费用和提供劳务情况如下表:

辅助生产费用和劳务情况表

辅助生产车间名称		修理车间	供电车间
辅助生产费用合计		18 000(元)	48 600(元)
提供的劳务总量		2 500(小时)	90 000(度)
耗用部分	修理车间		9 000
	供电车间	250	
	基本生产车间	2 150	71 000
	行政管理部门	100	10 000

该企业基本生产成本设有"直接材料"、"直接人工"、"制造费用"三个成本项目,没有设"燃料及动力"成本项目。因此,基本生产车间耗用的电费先归集在"制造费用"账户的借方。

【要求】

(1)采用直接分配法编制辅助生产费用分配表。

(2)编制辅助生产费用分配的会计分录。

辅助生产费用分配表(直接分配法)

项　目		修理车间	供电车间	合　计
待分配辅助生产费用				
对辅助生产车间以外各受益部门提供的劳务数量				
分配率(或单位成本)				
制造费用	耗用数量			
	分配金额			
管理费用	耗用数量			
	分配金额			
合　计				

习题 3-17

【目的】练习制造费用归集和分配的核算。

【资料】某企业基本生产车间本月份发生生产费用如下：

（1）车间领用一般消耗性材料 2 040 元。

（2）本月该车间应付管理人员工资 4 800 元。

（3）按车间管理人员工资的 32.7% 计提社会保险费，7% 计提住房公积金。

（4）本月份该车间计提固定资产折旧费 1 920 元。

（5）本月摊销报刊订阅费 480 元。

（6）预提本月固定资产租赁费 600 元。

（7）以现金支付差旅费 1 560 元。

（8）以银行存款支付劳动保护费、办公费、水电费及其他支出共计 2 326.40 元。

（9）辅助生产机修车间分配转入费用 1 440 元。

【要求】

（1）根据以上经济业务编制制造费用归集的会计分录。

（2）采用生产工时比例法分配该车间的制造费用（该车间生产甲、乙、丙三种产品，本月份共消耗生产工时计 17 600 小时，其中：甲产品 6 000 小时；乙产品 6 800 小时；丙产品 4 800 小时），并编制制造费用分配的会计分录。

第四章　工业制造企业生产费用在完工产品与在产品之间纵向分配的核算

一、填空题

1. 工业制造企业的在产品包括正在生产车间加工中的_____和已经在某个或几个生产车间完成加工任务但还需在企业其他生产车间进一步加工的_____。

2. 对外销售的_____，不属于企业的在产品，而是属于库存商品。

3. 在产品数量的核算，一般采用_____。

4. 在产品盘盈时，应借记_____账户，贷记_____账户；按照规定转销时，则借记_____账户，贷记_____账户。

5. 在产品盘亏或毁损时，应借记_____账户，贷记_____账户；回收残料价值，借记_____账户。按照规定转销时，应由过失人或保险公司赔偿的损失，借记_____账户；由于意外灾害造成的非常损失，借记_____账户；准予计入生产经营管理费用的损失，借记_____账户，贷记_____账户。

6. 月初在产品成本、本月生产费用、本月完工产品成本和月末在产品成本之间，存在着以下数学关系：

7. 生产费用在完工产品与在产品之间分配的方法一般有_____、_____、_____、_____、_____、_____和_____等七种方法。

8. 采用在产品不计算成本法的特点是_____等于_____。

9. _____的特点也是本月生产费用等于本月完工产品成本。

10. 在产品按所耗原材料费用计价法，_____和_____全部计入完工产品成本。

11. 在产品按完工产品成本计价法是将在产品视同_____分配各项费用。

12. 约当产量是将在产品数量按照_____折算成相当于完工产品的产量。

13. 分配原材料费用时，在产品完工程度的测定，必须根据原材料_____的不同而分别计算确定。

14. 在产品按定额成本计价是先计算确定_____，然后倒挤出完工产品成本的一种方法。

15. 采用定额比例法，分配直接材料费用按照直接材料_____或_____比例分配，加工费用按_____比例分配。

二、单项选择题

（　　）1. 下列各项中,不应列入在产品的是_____。

    A. 已验收入库的对外销售的自制半成品

    B. 已验收入库的仍需加工的自制半成品

    C. 正在车间加工中的合格产品

    D. 正在车间返修中的废品

（　　）2. 在产品不计算成本法适用于_____的产品。

    A. 没有在产品　　　　　　　　B. 各月末在产品数量很小

    C. 各月末在产品数量变化很小　D. 各月末在产品数量固定

（　　）3. 在产品按年初固定成本计价法适用于_____的产品。

    A. 各月末在产品数量很小

    B. 各月末在产品数量很大

    C. 各月末在产品数量变化较大

    D. 各月末在产品数量虽大,但各月之间变化不大

（　　）4. 在产品按所耗原材料费用计价法适用于_____的产品。

    A. 各月末在产品数量较大

    B. 各月末在产品数量变化较大

    C. 原材料费用在产品成本中所占比重较大

    D. 以上三项条件同时具备

（　　）5. 约当产量比例法适用于_____的产品。

    A. 月末在产品数量较大

    B. 各月末在产品数量变化较大

    C. 产品成本中直接材料、直接人工、制造费用比重相差不大

    D. 以上三项条件同时具备

（　　）6. 分配加工费用时,在产品完工率为_____除以完工产品工时定额。

    A. 所在工序工时定额

    B. 所在工序工时定额的 50%

    C. 所在工序累计工时定额

    D. 前面各道工序工时定额之和 + 本工序工时定额×50%

（　　）7. 某产品经三道工序加工而成,各工序的工时定额分别为 6 小时、12 小时、12 小时,第三道工序的完工率为_____。

    A. 40%　　　　　B. 50%　　　　　C. 80%　　　　　D. 100%

（　　）8. 原材料费用按完工产品产量与月末在产品数量比例进行分配的条件是_____。

    A. 原材料费用所占比重较大　　B. 原材料在生产开始时一次投入

    C. 原材料费用定额比较正确　　D. 原材料分工序一次投入

（　　）9. 采用约当产量法进行原材料费用分配时,与加工费用一样分配的条件是_____。

    A. 原材料在生产开始时一次投入

B．原材料随着生产进度陆续投入

C．原材料分工序投入，在每道工序开始时一次投入

D．原材料分工序投入，在每道工序随着生产进度陆续投入

（　　）10．采用倒挤法计算月末在产品成本应具备的条件是＿＿＿＿＿。

A．月末在产品数量较多　　　　　B．月末在产品数量较少

C．各月末在产品数量变化较小　　D．各月末在产品数量变化较大

（　　）11．对于消耗定额比较准确、稳定，月末在产品数量变动不大，且产品成本中原材料费用所占比重较大的产品，月末在产品可以＿＿＿＿＿。

A．按定额成本计价　　　　　　　B．按所耗原材料费用计价

C．按所耗加工费用计价　　　　　D．按定额原材料费用计价

（　　）12．定额比例法的适用条件是＿＿＿＿＿。

A．定额管理基础比较好　　　　　B．消耗定额或费用定额比较准确

C．各月末在产品数量变动较大　　D．以上三个条件同时具备

三、多项选择题

（　　）1．工业制造企业的在产品包括＿＿＿＿＿。

A．没有完成全部生产过程的在产品或半成品

B．不能作为商品销售的在产品或半成品

C．正在生产车间加工中的在产品

D．已经完成一个或几个生产过程但还需要进一步加工的半成品

E．对外销售的半成品

（　　）2．下列方法中，属于生产费用在完工产品与在产品之间进行分配的方法有＿＿＿＿＿。

A．交互分配法　　　　　　　　　B．约当产量比例法

C．定额比例法　　　　　　　　　D．计划成本分配法

E．不计算在产品成本法

（　　）3．本月生产费用等于本月完工产品成本的方法是＿＿＿＿＿。

A．约当产量比例法　　　　　　　B．在产品不计算成本法

C．在产品按完工产品成本计价法　D．在产品按年初固定成本计价法

E．在产品按定额成本计价法

（　　）4．采用在产品按所耗原材料费用计价法应具备的条件是＿＿＿＿＿。

A．各月末在产品数量不大　　　　B．各月末在产品数量较大

C．各月末在产品数量变化不大　　D．各月末在产品数量变化较大

E．原材料费用在产品成本中所占比重较大

（　　）5．按完工产品和月末在产品的数量比例分配计算完工产品和月末在产品的原材料费用，必须具备的条件是＿＿＿＿＿。

A．在产品已接近完工

B．产品成本中原材料费用所占比重较大

C．原材料消耗定额比较准确

D. 原材料消耗定额比较稳定

E. 原材料在生产开始时一次投入

（　　）6. 约当产量比例法适用于_____的产品。

  A. 月末在产品数量较大   B. 月末在产品数量不大

  C. 各月末在产品数量变化较大 D. 各月末在产品数量变化不大

  E. 产品成本中直接材料、直接人工、制造费用比重相差不大

（　　）7. 采用在产品按定额成本计价法应具备的条件是_____。

  A. 定额管理基础较好

  B. 能够制定比较准确稳定的消耗定额

  C. 能够制定比较准确稳定的费用定额

  D. 月末在产品数量变动不大

  E. 月末在产品数量变动较大

（　　）8. 采用在产品按其所耗定额原材料费用计价法应具备的条件是_____。

  A. 定额管理基础较好

  B. 能够制定比较准确稳定的消耗定额

  C. 能够制定比较准确稳定的费用定额

  D. 月末在产品数量变动不大

  E. 产品成本中原材料费用所占比重较大

（　　）9. 采用定额比例法应具备的条件是_____。

  A. 消耗定额或费用定额比较准确稳定

  B. 各月末在产品数量很小

  C. 定额管理基础较好

  D. 各月末在产品数量变化不大

  E. 各月末在产品数量变化较大

四、判断说明题

（　　）1. 在产品就是指正在某车间或某生产步骤加工中的在产品。

  说明：

（　　）2. 各月末在产品数量变化不大的产品，可以不计算月末在产品成本。

  说明：

（　　）3. 采用在产品不计算成本法时，本月发生的生产费用之和就是完工产品成本。

  说明：

（　　）4. 当月末在产品接近完工时，月末在产品成本可按年初固定成本计价法计算。

  说明：

（　　）5. 采用在产品成本按年初固定成本计价法时，每年末都应实地盘点在产品数量，重新调整计算确定在产品成本。

  说明：

（　　）6. 采用在产品按所耗原材料费用计价法时，月末在产品只计算耗用的原材料费用，不计算耗用的人工费用和制造费用，人工费用和制造费用全部计入完工产品成本。

说明：

（　　　）7. 采用在产品按所耗原材料费用计价法时，都应按完工产品与月末在产品的数量比例分配它们的原材料费用。

说明：

（　　　）8. 月末在产品按完工产品成本计算时，在产品就是完工产品，全部生产费用之和即为完工产品成本。

说明：

（　　　）9. 在产品按完工产品成本计价法只适用于月末在产品已经加工完成但尚未包装或尚未验收入库，或已接近完工的产品。

说明：

（　　　）10. 约当产量是指月末在产品数量按照完工程度折算成相当于完工产品的产量。

说明：

（　　　）11. 采用约当产量比例法分配原材料费用的完工率与分配加工费用的完工率有时是通用的。

说明：

（　　　）12. 某工序在产品的完工率为至该工序止累计的工时定额与完工产品工时定额的比例。

说明：

（　　　）13. 某工序在产品完工率＝（本工序工时定额×50％＋前面各工序工时定额之和）÷完工产品工时定额

说明：

（　　　）14. 计算各工序在产品的完工率时，对同一道工序内完工程度不同的每件在产品，为简化起见，一律按50％平均计算。

说明：

（　　　）15. 采用约当产量比例法，费用分配的正确性很大程度上取决于在产品完工程度的测定。

说明：

（　　　）16. 月末在产品按定额成本计价法计算时，月末在产品定额成本与实际成本之间的差异，全部由完工产品成本负担。

说明：

（　　　）17. 根据月初在产品成本、本月生产费用及月末在产品成本的资料：

完工产品成本＝月初在产品成本＋本月生产费用－月末在产品成本

说明：

（　　　）18. 采用定额比例法分配完工产品成本与月末在产品成本时，各成本项目的分配依据是一致的。

说明：

（　　　）19. 在完工产品成本计算出来以后，应将其成本从"生产成本——基本生产成本"账户的贷方转入"库存商品"账户的借方，"生产成本——基本生产成本"账户月末没有余额。

说明：

五、简答题

1. 什么是在产品？如何进行在产品数量的核算？

2. 如何进行在产品清查的核算？

3. 生产费用在完工产品与在产品之间分配的方法有哪几种？

4. 什么是约当产量比例法？如何计算直接材料费用的约当产量？

5. 在产品按定额成本计价法与定额比例法有何区别？

六、核算题

习题 4-1

【目的】练习在产品不计算成本法。

【资料】某企业本月投产甲产品 300 件,月末完工 285 件,未完工 15 件,月末在产品数量很小,不计算月末在产品成本。本月发生的生产费用如下:直接材料 42 750 元,直接人工 16 815 元,制造费用 12 540 元,合计 72 105 元。

【要求】

（1）计算完工产品总成本和单位成本。

（2）登记"产品成本明细账"。

（3）编制完工产品验收入库的会计分录。

产品成本明细账

完工产品产量 285 件
月末在产品数量 15 件

产品名称:甲

成 本 项 目	直接材料	直接人工	制造费用	合　计
月初在产品成本				
本月生产费用				
生产费用合计				
完工产品成本				
完工产品单位成本				
月末在产品成本				

习题 4-2

【目的】练习在产品按年初固定成本计价法。

【资料】某企业投产乙产品 930 吨,本月完工 800 吨,月末在产品 130 吨,各月在产品数量变化不大,在产品按年初固定成本计价。月初在产品成本为:直接材料 229 600 元,直接人工 79 800 元,制造费用 49 000 元,合计 358 400 元。本月生产费用为:直接材料 903 120 元,直接人工 387 660 元,制造费用 234 300 元,合计 1 525 080 元。

【要求】

（1）计算完工产品成本和月末在产品成本。

（2）登记"产品成本明细账"。

产品成本明细账

完工产品产量 800 吨

月末在产品数量 130 吨

产品名称：乙

成本项目	直接材料	直接人工	制造费用	合　计
月初在产品成本				
本月生产费用				
生产费用合计				
完工产品成本				
完工产品单位成本				
月末在产品成本				

习题 4-3

【目的】练习在产品按所耗原材料费用计价法。

【资料】某企业丙产品成本中原材料费用所占比重较大，月末在产品按其所耗原材料费用计价，原材料费用按完工产品与月末在产品的数量比例分配。月初在产品直接材料成本为 5 040 元；本月生产费用为：直接材料 36 288 元，直接人工 5 544 元，制造费用 5 760 元，合计 47 592 元。该月完工产品 756 千克，月末在产品 504 千克。

【要求】

（1）计算完工产品成本和月末在产品成本。

（2）登记"产品成本明细账"。

产品成本明细账

完工产品产量 756 千克
月末在产品数量 504 千克

产品名称:丙

成本项目	直接材料	直接人工	制造费用	合　计
月初在产品成本				
本月生产费用				
生产费用合计				
费用分配率				
完工产品成本				
月末在产品成本				

习题 4-4

【目的】练习在产品按完工产品成本计价法。

【资料】某企业丁产品已接近完工,在产品视同完工产品分配原材料费用和加工费用。月初在产品成本为:直接材料 38 944 元,直接人工 12 176 元,制造费用 44 624 元,合计 95 744 元;本月生产费用为:直接材料 99 648 元,直接人工 21 008 元,制造费用 45 168 元,合计 165 824 元。本月完工产品 648 台,月末在产品 328 台。

【要求】

(1) 计算完工产品成本和月末在产品成本。

(2) 登记"产品成本明细账"。

产品成本明细账

完工产品产量 648 台
月末在产品数量 328 台

产品名称:丁

成本项目	直接材料	直接人工	制造费用	合　计
月初在产品成本				
本月生产费用				
生产费用合计				
费用分配率				
完工产品成本				
月末在产品成本				

习题 4-5

【目的】练习约当产量比例法。

【资料】某企业生产 A 产品,月初在产品成本和本月生产费用见下表:

A 产品月初在产品成本和本月生产费用

成本项目	直接材料	直接人工	制造费用	合 计
月初在产品成本	230 000	18 000	11 400	259 400
本月生产费用		45 000	30 000	75 000

本月完工产品 1 600 件,月末在产品 400 件,在产品完工程度 50%。原材料在生产开始时一次投入。

【要求】

(1) 计算完工产品成本和月末在产品成本。

(2) 登记"产品成本明细账"。

产品成本明细账

完工产品产量 1 600 件

产品名称:A

月末在产品数量 400 件,完工程度 50%

成本项目	直接材料	直接人工	制造费用	合 计
月初在产品成本				
本月生产费用				
生产费用合计				
费用分配率				
完工产品成本				
月末在产品成本				

习题 4-6

【目的】练习约当产量比例法。

【资料】某企业 B 种产品的原材料随着生产进度陆续投入，其投入程度与加工进度完全一致，因而原材料费用和加工费用均按相同的约当产量比例分配。本月完工 200 件，月末在产品 160 件，完工程度 40%。有关成本资料如下：

B 产品月初在产品成本和本月生产费用

成本项目	直接材料	直接人工	制造费用	合　计
月初在产品成本	3 500	2 000	2 500	8 000
本月生产费用	16 300	13 840	15 980	46 120

【要求】

（1）计算各种费用分配率。

（2）分配计算完工产品和月末在产品的各项费用。

（3）登记"产品成本明细账"。

产品成本明细账

产品名称:B

完工产品产量 200 件
月末在产品数量 160 件,完工程度 40%

成本项目	直接材料	直接人工	制造费用	合　计
月初在产品成本				
本月生产费用				
生产费用合计				
费用分配率				
完工产品成本				
月末在产品成本				

成本会计·习题集

习题 4-7

【目的】练习在产品完工率的计算。

【资料】C产品单位工时定额 40 小时,经三道工序加工制成。第一道工序工时定额为 8 小时,第二道工序工时定额为 16 小时,第三道工序工时定额为 16 小时。各道工序内各件在产品加工程度均按 50% 计算。

【要求】计算各工序在产品完工率。

习题 4-8

【目的】练习在产品约当产量的计算。

【资料】习题 4-7 中的 C 产品在各道工序在产品数量为:第一道工序在产品 20 件,第二道工序在产品 40 件,第三道工序在产品 60 件。

【要求】根据各工序月末在产品的数量和习题 4-7 计算出的在产品各工序的完工率,分别计算各工序月末在产品的约当产量。

习题 4-9

【目的】练习生产费用在完工产品与在产品之间分配的约当产量比例法。

【资料】习题 4-8 中的 C 产品月初在产品成本加本月生产费用合计为:直接材料 64 000 元(原材料在生产开始时一次投入),直接人工 31 920 元,制造费用 34 048 元。C 产品本月完工产品数量 200 件。

【要求】

(1) 计算完工产品与在产品应分配的料、工、费。

（2）计算完工产品总成本和月末在产品成本合计。

习题 4-10

【目的】练习约当产量比例法。

【资料】某企业生产 D 产品，经过三道工序加工制成，原材料在生产开始时一次投入，各道工序内在产品完工程度均为 50%，本月完工产品 600 件，月末在产品 200 件。各工序工时定额、在产品数量、成本资料如下：

各道工序工时定额及在产品数量

工　序	工时定额(小时)	在产品数量(件)
1	50	80
2	30	80
3	20	40
合　计	100	200

月初在产品成本和本月生产费用

摘　要	直接材料	直接人工	制造费用	合　计
月初在产品成本	72 000	2 916	3 060	77 976
本月生产费用		21 156	38 004	59 160

【要求】

（1）计算各道工序在产品完工率和约当产量并填入表中。

（2）分配完工产品成本和月末在产品成本并登记产品成本明细账。

在产品完工率及约当产量计算表

工　序	工时定额	在产品完工率	在产品数量	在产品约当产量
1				
2				
3				
合　计				

产品成本明细账

产品名称：D

成本项目	直接材料	直接人工	制造费用	合　计
月初在产品成本				
本月生产费用				
生产费用合计				
费用分配率				
完工产品成本				
月末在产品成本				

习题 4-11

【目的】练习在产品按定额成本计价法。

【资料】某企业本月生产甲产品，月初在产品成本和本月生产费用合计为：直接材料 20 440 元，直接人工 15 840 元，制造费用 10 080 元，合计 46 360 元。该产品所耗原材料在生产开始时一次投入。月末在产品 50 件，单位产品原材料费用定额 40 元，月末在产品累计工时定额 250 小时，每小时费用定额分别为：直接人工 5.5 元，制造费用 3.8 元。

【要求】

(1) 计算月末在产品的定额原材料费用。

(2) 计算月末在产品的定额人工费用和定额制造费用。

(3) 登记"产品成本明细账"。

产品成本明细账

成本项目	生产费用合计	月末在产品定额成本	完工产品成本
直接材料			
直接人工			
制造费用			
合　计			

习题 4-12

【目的】练习在产品按定额原材料费用计价。

【资料】某企业乙产品成本中原材料费用所占比重较大,月末在产品按其所耗原材料定额费用计价。月初在产品直接材料成本为 5 148 元;本月生产费用为:直接材料 30 592 元,直接人工 2 662 元,制造费用 3 296 元,合计 36 550 元。该月完工产品 400 件,月末在产品 280 件,完工程度 65%,单位产品原材料定额消耗量 6 千克,每千克计划单价 5.5 元。原材料随着生产进度陆续投入。

【要求】

（1）计算月末在产品定额原材料费用。

（2）登记"产品成本明细账"。计算完工产品总成本和单位成本。

（3）计算完工产品总成本和单位成本。

产品成本明细账

完工产品产量 400 件
月末在产品数量 280 件

产品名称:乙

成本项目	直接材料	直接人工	制造费用	合　计
月初在产品成本				
本月生产费用				
生产费用合计				
完工产品总成本				
完工产品单位成本				
月末在产品成本				

习题 4-13

【目的】练习定额比例法。

【资料】某企业丙产品本月份产品成本明细账部分资料如下:

产品成本明细账

产品名称:丙

成本项目		直接材料	直接人工	制造费用	合　计
月初在产品成本		1 792	1 520	1 328	4 640
本月生产费用		14 224	12 931	12 159.60	39 314.60
生产费用合计					
费用分配率					
完工产品成本	定额	9 280	6 016	6 016	
	实际				
月末在产品成本	定额	5 280	3 618	3 618	
	实际				

【要求】

(1) 采用定额比例法分配费用,计算各项费用分配率,其中,直接材料费用按定额费用比例分配,加工费用按定额工时比例分配。

(2) 计算填列"产品成本明细账"。

习题 4-14

【目的】练习定额比例法。

【资料】某企业本月生产丁产品,单位产品直接材料定额费用240元,单位产品工时消耗定额12小时。本月份完工产品1 000件,月末在产品400件。原材料在生产开始时一次投入。月末在产品的完工程度为50%。丁产品成本明细账部分资料如下:

产品成本明细账

产品名称:丁

成本项目	月初在产品成本	本月生产费用	生产费用合计	费用分配率	完工产品成本		月末在产品成本	
					定额成本	实际成本	定额成本	实际成本
直接材料	310 800							
直接人工	3 840	59 520						
制造费用	3 600	83 520						
合 计	54 480	406 800						

【要求】

(1) 计算完工产品直接材料定额费用和定额工时。

(2) 计算月末在产品直接材料定额费用和定额工时。

(3) 计算各项费用分配率。

(4) 计算填列"产品成本明细账"。

第五章　工业制造企业产品成本计算方法概述

一、填空题

1. 企业应当根据本企业的＿＿＿＿＿＿和＿＿＿＿＿，确定适合本企业的＿＿＿＿＿＿＿＿＿＿＿＿＿＿＿、＿＿＿＿＿和＿＿＿＿＿＿。

2. 工业制造企业的生产，按照生产组织方式，可以分为＿＿＿＿＿、＿＿＿＿＿＿和＿＿＿＿＿＿＿三种类型。

3. 工业制造企业的生产，按照生产工艺过程，可以分为＿＿＿＿＿＿＿和＿＿＿＿＿两种类型。

4. ＿＿＿＿＿、＿＿＿＿＿、＿＿＿＿＿是产品成本计算的三种基本方法。

5. ＿＿＿＿＿和＿＿＿＿＿是产品成本计算的两种辅助方法。

二、单项选择题

（　　）1. 生产特点和管理要求对产品成本计算的影响主要表现在＿＿＿＿。
　　A. 对产品成本计算对象的确定上　　B. 产品成本计算日期
　　C. 完工产品和在产品的费用分配　　D. 要素费用的归集和分配

（　　）2. 品种法适用的生产组织是＿＿＿＿。
　　A. 大量成批生产　　　　　　　　B. 大量大批生产
　　C. 大量小批生产　　　　　　　　D. 单件小批生产

（　　）3. 适用于大量大批的单步骤生产的产品成本计算方法是＿＿＿＿。
　　A. 品种法　　　　　　　　　　　B. 分类法
　　C. 分步法　　　　　　　　　　　D. 分批法

（　　）4. 在小批单件单步骤生产情况下，应采用的成本计算方法是＿＿＿＿。
　　A. 分批法　　　　　　　　　　　B. 分步法
　　C. 分类法　　　　　　　　　　　D. 定额法

（　　）5. 在大量大批多步骤生产的情况下，所采用的成本计算方法应是＿＿＿＿。
　　A. 品种法　　　　　　　　　　　B. 分批法
　　C. 分步法　　　　　　　　　　　D. 分类法

三、多项选择题

（　　）1. 成本计算对象应根据＿＿＿＿来确定。
　　A. 生产组织特点　　　　　　　　B. 成本管理要求
　　C. 生产工艺特点　　　　　　　　D. 生产规模大小
　　E. 生产内部分工

（　　）2. 受生产特点和管理要求的影响,在产品成本计算中有着下述不同的成本计算对象,即_____。
  A. 产品品种   B. 产品类别
  C. 产品批别   D. 产品生产步骤
  E. 产品定额

（　　）3. 品种法适用于_____。
  A. 大量大批生产   B. 单步骤生产
  C. 小批单件生产
  D. 管理上不要求分步骤计算产品成本的大量大批多步骤生产
  E. 管理上不要求分步骤计算产品成本的小批单件多步骤生产

（　　）4. 分批法适用于_____。
  A. 大量大批生产
  B. 工艺过程不能间断的生产
  C. 小批单件生产
  D. 管理上不要求分步骤计算产品成本的多步骤生产
  E. 管理上要求分步骤计算产品成本的多步骤生产

（　　）5. 分类法和定额法_____。
  A. 是产品成本计算的辅助方法
  B. 与产品成本计算对象有密切关系
  C. 与产品成本计算对象没有密切关系
  D. 与生产类型有直接关系
  E. 与生产类型无直接关系

四、判断说明题

（　　）1. 工业制造企业生产按照生产组织方式可分为单步骤生产和多步骤生产。
  说明:

（　　）2. 生产类型和管理要求对产品成本计算的影响,主要表现在对成本计算对象的确定上。
  说明:

（　　）3. 单步骤生产由于生产工艺过程不能间断,因而无法按照生产步骤计算产品成本,只能按照产品品种计算成本。
  说明:

（　　）4. 在多步骤生产中,为了加强各生产步骤的成本管理,都应按照生产步骤计算产品成本。
  说明:

（　　）5. 成批生产的企业,应采用分批法计算产品成本。
  说明:

五、简答题

1. 产品成本计算三种基本方法的成本计算对象和适用性分别是什么？

2. 产品成本计算的两种辅助方法适用性分别是什么？

成本会计·习题集

第六章 工业制造企业产品成本计算的基本方法

一、填空题

1. 产品成本计算的品种法,是按照_____归集生产费用,计算产品成本的一种方法。

2. 生产多种产品的企业或车间,要按照产品的_____分别开设产品成本明细账,发生的生产费用中,分得清楚哪种产品耗用的,_____该种产品成本,分不清楚哪种产品耗用的,则要采用_____,在_____之间进行_____,然后计入各种产品成本。

3. 月末没有在产品,或在产品数量很少,不需要计算_____,产品成本明细账中按成本项目归集的生产费用,全部都是该种产品的_____。

4. 产品成本计算的分批法,是按照_____归集生产费用,计算产品成本的一种方法。

5. 在小批、单件单步骤生产的企业中,生产大多是根据购货单位的定货单组织的,因此,分批法也称_____。

6. 分批法的成本计算是不定期的,一般是_____计算,与会计报告期_____,但与生产周期_____。

7. 产品成本计算的分步法,是按照产品的_____和_____归集生产费用,计算产品成本的一种方法。

8. 一般来说,分步计算成本也就是_____计算成本。

9. 分步法成本计算一般都是定期在_____,与会计报告期_____,但与生产周期_____。

10. 逐步结转分步法又称_____的分步法。

11. 半成品通过仓库收发,验收入库时,借记_____科目,贷记_____科目,下一步骤领用时,借记_____科目,贷记_____科目。

12. 采用综合结转法结转半成品成本,各步骤所耗半成品的成本是以_____项目综合反映的。

二、单项选择题

(   ) 1. 品种法适用于_____。
      A. 大量大批的单步骤生产
      B. 大量大批的多步骤生产

C．小批单件的多步骤生产

D．大量大批的单步骤生产和管理上不要求分步骤计算成本的大量大批的多步骤生产

（　　）2．品种法是产品成本计算的_____。

A．主要方法　　　B．重要方法　　　C．最基本方法　　　D．最一般方法

（　　）3．品种法的特点是_____。

A．不分批计算产品成本

B．不分步计算产品成本

C．既不分批又不分步，只分品种计算产品成本

D．既不分步又不分批计算产品成本

（　　）4．下列各项中，属于各种产品成本计算方法都必须提供的是_____。

A．按品种反映的产品成本　　　　B．按批别反映的产品成本

C．按生产步骤反映的产品成本　　　D．产品定额成本

（　　）5．逐步结转分步法，按照半成品成本在下一步骤产品成本明细账中的反映方法，可以分为_____。

A．综合结转法和平行结转法　　　B．平行结转法和分项结转法

C．综合结转法和分项结转法　　　D．实际成本结转法和计划成本结转法

（　　）6．成本还原的对象是_____。

A．产成品成本中所耗上一步骤半成品的综合成本

B．各步骤所耗上一步骤半成品的综合成本

C．最后步骤的产成品成本

D．各步骤半成品成本

（　　）7．进行成本还原，应以还原分配率分别乘以_____。

A．本月所产半成品各个成本项目的费用

B．本月所耗半成品各个成本项目的费用

C．本月所产该种半成品各个成本项目的费用

D．本月所耗该种半成品各个成本项目的费用

（　　）8．某产品由四个生产步骤组成，采用逐步结转分步法计算产品成本，需要进行成本还原的次数是_____。

A．0 次　　　　　　B．3 次　　　　　　C．4 次　　　　　　D．5 次

（　　）9．综合逐步结转分步法中，成本还原分配率的计算公式是_____。

A． $\dfrac{\text{本月产成品成本合计}}{\text{本月所产半成品成本合计}}$

B． $\dfrac{\text{本月所产半成品成本合计}}{\text{本月产成品成本合计}}$

C． $\dfrac{\text{本月产成品所耗上一步骤半成品费用}}{\text{本月所产该种半成品成本合计}}$

D． $\dfrac{\text{某步骤领用半成品成本合计}}{\text{上一步骤所产该种半成品成本合计}}$

（　　）10．采用逐步结转分步法时，上一生产步骤完工的半成品直接转入本生产步骤，

应借记的账户是"_____"。

A. 生产成本——基本生产成本　　　　B. 自制半成品

C. 制造费用　　　　　　　　　　　　D. 原材料

三、多项选择题

（　　）1. 品种法的适用范围是_____。

A. 大量生产　　　　　　　　　　　B. 大批生产

C. 单步骤生产　　　　　　　　　　D. 多步骤生产

E. 管理上不要求分步骤计算成本的多步骤生产

（　　）2. 分批法适用于_____。

A. 小批生产

B. 管理上不要求分步计算成本的多步骤生产

C. 成批生产

D. 单件生产

E. 大量生产

（　　）3. 采用逐步结转分步法，按照结转的半成品成本在下一步骤产品成本明细账中的反映方法，分为_____。

A. 综合结转法　　　　　　　　　　B. 分项结转法

C. 按实际成本结转　　　　　　　　D. 按计划成本结转

E. 平行结转法

（　　）4. 采用综合结转法结转半成品成本的优点是_____。

A. 能够看出各步骤产品所耗上一步骤半成品费用的水平

B. 能够看出本步骤加工费用的水平

C. 能够直接、正确地提供按原始成本项目反映的产品成本资料

D. 有利于各生产步骤的管理

E. 核算工作简便

四、判断说明题

（　　）1. 品种法是一种最基本的方法。

说明：

（　　）2. 由于每一个工业制造企业最终都必须按照产品品种算出成本，因而品种法适用于所有工业制造企业，应用范围最广泛。

说明：

（　　）3. 采用分批法计算产品成本，在单件生产的情况下，不必将生产费用在完工产品和在产品之间进行分配。

说明：

（　　）4. 分步法是按照产品的生产步骤归集生产费用、计算产品成本的一种方法。

说明：

（　　）5. 分生产步骤计算产品成本不一定就是分车间计算产品成本。

说明：

（　　）6. 逐步结转分步法就是为了计算半成品成本而采用的一种分步法。

说明：

（　　）7. 采用逐步结转分步法，半成品成本的结转与半成品实物的转移是一致的。

说明：

（　　）8. 逐步结转分步法都要通过"自制半成品"账户结转半成品成本。

说明：

（　　）9. 采用综合结转法都必须进行成本还原。

说明：

（　　）10. 成本还原的对象是还原前的产成品成本。

说明：

（　　）11. 逐步结转分步法下，分项结转半成品成本不需要进行成本还原。

说明：

（　　）12. 产成品成本需要进行成本还原的次数是其计算成本的生产步骤减 1。

说明：

（　　）13. 在逐步结转分步法下，不论综合结转还是分项结转，第一个生产步骤的成本明细账的登记方法都是相同的。

说明：

五、简答题

1. 什么是品种法？品种法的特点是什么？

2. 什么是分批法？分批法的特点有哪些？

3. 什么是分步法？分步法的特点是什么？

4. 在逐步结转分步法下，半成品完工后有哪两种情况？分别怎样核算？

5. 采用综合结转分步法,为什么要进行成本还原?

6. 怎样进行成本还原? 还原的对象是什么?

六、核算题

习题 6-1

【目的】练习产品成本计算的品种法。

【资料】某企业设一个基本生产车间和一个辅助生产车间(机修车间)。基本生产车间生产甲、乙两种产品,采用品种法计算产品成本。

10 月份生产车间发生的经济业务如下:

(1) 基本生产车间领用材料 40 000 元,其中,直接用于甲产品生产的 A 材料 10 800 元,直接用于乙产品生产的 B 材料 18 000 元,甲、乙产品共同耗用的 C 材料 10 000 元(按甲、乙产品的定额消耗量比例进行分配,甲产品的定额消耗量为 440 公斤,乙产品的定额消耗量为 560 公斤),车间一般消耗 1 200 元;辅助生产车间领用材料 2 300 元,两个生产车间领用材料共计 42 300 元。

(2) 结算本月应付职工工资,其中,基本生产车间的工人工资 16 000 元(按甲、乙产品耗用的生产工时比例分配,甲产品生产工时为 300 小时,乙产品生产工时为 500 小时),车间管理人员工资 2 500 元;辅助生产车间职工工资 1 500 元,两个生产车间工资共计 20 000 元。

(3) 按照工资额的 32.7% 计提社会保险费、7% 计提住房公积金。

(4) 计提固定资产折旧费。基本生产车间月初在用固定资产原值 100 000 元,辅助生产车间月初在用固定资产原值 40 000 元,月折旧率为 1%。

(5)基本生产车间和辅助生产车间发生的其他支出分别为 557.50 元和 234.50 元,均通过银行办理转账结算。

(6)辅助生产车间(机修车间)提供劳务 2 515 小时,其中为基本生产车间提供劳务 2 000 小时,为管理部门提供劳务 515 小时。

(7)基本生产车间的制造费用按生产工时比例在甲、乙产品之间进行分配。

(8)甲产品各月在产品数量变化不大,生产费用在完工产品与在产品之间的分配,采用在产品按固定成本计价法。乙产品原材料随着生产进度陆续投入,直接材料费用、直接人工和制造费用均采用约当产量比例法进行分配。乙产品本月完工产品 100 件,月末在产品 50 件,完工率 50%。甲产品月初在产品成本为 9 638 元,其中,直接材料费用 4 000 元,直接人工 1 338 元,制造费用 4 300 元;乙产品月初在产品成本为 14 730 元,其中,直接材料费用 6 000元,直接人工 3 730 元,制造费用5 000元。

【要求】

(1)编制各项要素费用分配的会计分录。

(2)编制辅助生产费用分配的会计分录。

(3)编制结转基本生产车间制造费用的会计分录。

(4)计算与填列甲、乙产品成本明细账,计算甲、乙产品成本。

(5)编制结转完工产品成本的会计分录。

计算过程及会计分录:

产品成本明细账

产品名称:甲 　　　　　　××年10月 　　　　　　产品产量:100件

项 目	直接材料	直接人工	制造费用	合 计
月初在产品成本				
本月生产费用				
生产费用合计				
完工产品成本				
月末在产品成本				

产品成本明细账

××年10月 　完工产品产量:

产品名称:乙 　　　　　　月末在产品数量: 　　,完工程度:

项 目	直接材料	直接人工	制造费用	合 计
月初在产品成本				
本月生产费用				
生产费用合计				
分配率				
完工产品成本				
月末在产品成本				

习题 6-2

【目的】练习产品成本计算的分批法。

【资料】某企业生产甲、乙两种产品,生产组织属于小批生产,采用分批法计算成本。

(1)5月份生产的产品批号有:

0614批号:甲产品10台,本月投产,本月完工6台。

0615批号:乙产品10台,本月投产,本月完工2台。

(2)5月份各批号生产费用资料如下:

生产费用分配表

单位:元

批 号	直接材料	直接人工	制造费用
0614	3 360	2 350	2 800
0615	4 600	3 050	1 980

0614批号甲产品完工数量较大,原材料在生产开始时一次投入,其他费用在完工产品与在产品之间采用约当产量比例法分配,在产品完工程度为50%。

0615 批号乙产品完工数量少,完工产品按计划成本结转。每台产品计划成本:直接材料费用 460 元,直接人工费用 350 元,制造费用 240 元。

【要求】根据上列资料,采用分批法,登记产品成本明细账,计算各批产品的完工产品成本和月末在产品成本。

甲产品成本明细账

产品批号:0614　　　　　　　　　　　　　　　　　　投产日期:
产品名称:甲　　　　　　　　批量:　　　　　　　　完工日期:

月	日	摘　要	直接材料	直接人工	制造费用	合　计
5	31	本月生产费用				
5	31	完工产品成本				
5	31	完工产品单位成本(6 台)				
5	31	月末在产品费用				

表内数字计算:

乙产品成本明细账

产品批号:0615　　　　　　　　　　　　　　　　　　投产日期:
产品名称:乙　　　　　　　　批量:　　　　　　　　完工日期:

月	日	摘　要	直接材料	直接人工	制造费用	合　计
5	31	本月生产费用				
5	31	单台计划成本				
5	31	完工 2 台产品计划成本				
5	31	月末在产品费用				

习题 6-3

【目的】练习逐步综合结转分步法。

【资料】乙产品生产分两个步骤,分别由两个车间进行,有关资料如下。

【要求】采用综合结转分步法计算乙产品第一、第二步骤(车间)完工产品成本(第一步骤完工的半成品全部为第二步骤领用,不通过半成品库收发),并进行成本还原。

产品成本明细账

第一车间:半成品乙　　　　　　　　　　　　　　　　　　　　　　　　　　　单位:元

摘　要	直接材料	直接人工	制造费用	合　计
月初在产品成本	4 000	1 200	2 800	8 000
本月生产费用	10 000	1 800	6 200	18 000
生产费用合计				
完工产品成本				
月末在产品成本	6 000	1 000	4 000	11 000

产品成本明细账

第二车间:产成品乙　　　　　　　　　　　　　　　　　　　　　　　　　　　单位:元

摘　要	半成品	直接人工	制造费用	合　计
月初在产品成本	3 000	1 500	500	5 000
本月生产费用		8 000	3 000	
生产费用合计		9 500	3 500	
完工产品成本				
月末在产品成本	4 500	1 600	600	6 700

产成品成本还原计算表

单位:元

项　目	还原分配率	半成品	直接材料	直接人工	制造费用	合　计
还原前产成品成本	/					
本月所产半成品成本	/					
成本还原						
还原后产成品成本	/					

习题 6-4

【目的】练习逐步综合结转分步法。

【资料】

(1) 甲产品分两个步骤分别在两个车间进行生产。采用综合结转分步法计算产品成本。第一车间为第二车间提供半成品甲,第二车间将半成品甲加工为产成品甲。半成品甲通过仓库收发(半成品成本用加权平均法计算)。

(2) 某年 6 月份第一车间和第二车间发生的生产费用(不包括所耗半成品的费用)如下:

车间名称	直接材料	直接人工	制造费用	合　计
第一车间	12 500	7 000	12 300	31 800
第二车间		5 500	12 200	17 700

（3）各车间的月初及月末在产品，均按定额成本计算：

① 月初在产品定额成本

车间名称	直接材料	半成品	直接人工	制造费用	合　计
第一车间	3 800		2 000	4 600	10 400
第二车间		6 200	1 300	2 500	10 000

② 月末在产品定额成本

车间名称	直接材料	半成品	直接人工	制造费用	合　计
第一车间	3 420		1 800	4 140	9 360
第二车间		3 100	650	1 250	5 000

（4）半成品仓库半成品甲月初余额 120 件，实际成本 8 080 元。本月份第一车间加工完成半成品甲 500 件送交半成品仓库。第二车间从半成品仓库领用半成品甲 550 件。本月完工入库产成品甲 400 件。

【要求】

（1）计算自制半成品甲和产成品甲的成本。

（2）登记半成品明细账。

（3）编制半成品入库、领用和产成品入库的会计分录。

（4）进行成本还原。

产品成本明细账

第一车间：半成品甲　　　　　　　　　　　　　　　　　　　　　单位：元

摘　要	直接材料	直接人工	制造费用	合　计
月初在产品成本				
本月生产费用				
生产费用合计				
完工产品成本				
月末在产品成本				

会计分录：

半成品成本明细账

名称:半成品甲   计量单位:件

月	日	摘 要	收 入			发 出			结 存		
			数量	单价	金额	数量	单价	金额	数量	单价	金额
6	1	期初余额									
6	30	交库									
6	30	第二车间领用									

会计分录:

产品成本明细账

第二车间:产成品甲   单位:元

摘 要	半成品	直接人工	制造费用	合 计
月初在产品成本				
本月生产费用				
费用合计				
完工产品成本				
月末在产品成本				

会计分录:

产成品成本还原计算表

产品名称:甲

行次	项 目	还原分配率	半成品	直接材料	直接人工	制造费用	合计
1	还原前产成品成本						
2	本月所产半成品成本						
3	产成品成本中半成品成本还原						
4	还原后产成品总成本						
5	还原后产成品单位成本						

习题 6-5

【目的】练习逐步分项结转分步法。

【资料】乙产品分两个步骤连续加工,第一步骤生产半成品乙直接转入第二步骤继续加

工,成本计算采用分项结转分步法,有关资料如下:

（1）第一步骤发生的生产费用:直接材料 15 010 元,直接人工 5 160 元,制造费用 5 780 元。本月份完工半成品乙 375 千克,月末在产品 50 千克,在产品原材料在生产开始时一次投入,完工程度 50%。完工产品和月末在产品之间的费用,按产量和约当产量比例分配（月初在产品成本已列入产品成本计算明细账）。

（2）第二步骤发生的生产费用（不包括上步骤转入半成品成本）:直接人工 4 200 元,制造费用 6 400 元。在产品按定额成本计算（已列入产品成本明细账）。本月完工入库产成品乙数量 400 千克。

【要求】

（1）计算第一步骤半成品乙成本。

（2）计算第二步骤产成品乙的总成本和单位成本。

（3）编制产成品入库的会计分录。

产品成本明细账

完工产量:

第一步骤:半成品乙　　　　　　　在产品数量:　　　　　　　　　　　完工率:

摘　要	直接材料	直接人工	制造费用	合　计
月初在产品成本	6 240	2 040	2 220	10 500
本月生产费用				
生产费用合计				
单位成本（分配率）				
完工产品成本				
月末在产品成本				

产品成本明细账

第二步骤:产成品乙　　　　　　　　　　　　　　　　　　　完工产量:

摘　要	直接材料	直接人工	制造费用	合　计
月初在产品成本	6 325	2 035	2 340	10 700
本月生产费用				
上步骤转入半成品成本				
费用合计				
月末在产品定额成本	4 875	1 685	1 940	8 500
完工产品成本				
单位成本				

会计分录:

习题 6-6

【目的】综合练习分步法。

【资料】某企业下设一个基本生产车间,分两个生产步骤大量大批生产甲产品,采用逐步综合结转分步法计算产品成本。第一生产步骤加工完成的半成品直接转入第二生产步骤,不通过"自制半成品"账户核算。第一生产步骤产品成本明细账设置"直接材料"、"直接人工"和"制造费用"三个成本项目,第二生产步骤产品成本明细账设置"半成品"、"直接人工"和"制造费用"三个成本项目。该车间的直接人工费用和制造费用均按车间进行归集,并按生产工时比例在第一和第二生产步骤之间进行分配。

该车间 10 月份发生经济业务如下:

(1)领用原材料 43 000 元,其中:第一生产步骤甲产品耗用 40 000 元,车间机物料消耗 3 000 元。

(2)分配工资费用 15 000 元,其中:生产工人工资 13 000 元(第一生产步骤生产工时 3 500 小时,第二生产步骤生产工时 1 500 小时),车间管理人员工资 2 000 元。

(3)按工资费用的 32.7% 计提社会保险费、7% 计提住房公积金。

(4)计提车间固定资产折旧费 2 600 元。

(5)用银行存款支付其他支出 606 元。

(6)第一生产步骤完工半成品 800 件,第二生产步骤完工产成品 1 000 件,各生产步骤月末在产品均按定额成本计价(定额成本资料在各生产步骤产品成本明细账上)。

产品成本明细账

第一步骤:半成品甲　　　　　　　　　　　　　　　　　　　　完工产品:800 件

项　目	直接材料	直接人工	制造费用	合　计
月初在产品成本	39 000	7 148.30	4 050	50 198.30
本月生产费用				
生产费用合计				
完工半成品成本				
月末在产品定额成本	13 000	4 861	1 350	19 211

产品成本明细账

第二步骤:产成品甲　　　　　　　　　　　　　　　　　　　　完工产品:1 000 件

项　目	半成品	直接人工	制造费用	合　计
月初在产品成本	9 000	1 197.70	600	10 797.70
本月生产费用				
生产费用合计				
完工产成品成本				
月末在产品定额成本	4 500	1 646	300	6 446

【要求】

（1）编制各项要素费用分配的会计分录（"基本生产成本"账户按生产步骤列示）。

（2）编制制造费用分配的会计分录。

（3）计算、填列各生产步骤产品成本明细账，并编制结转完工产品成本的会计分录。

（4）进行成本还原，计算按原始成本项目反映的产成品成本。

（5）编制产成品入库的会计分录。

产成品成本还原计算表

产品名称：甲 产量：1 000 件

项 目	还原分配率	半成品	直接材料	直接人工	制造费用	合 计
还原前产成品成本						
本月所产半成品成本						
成本还原						
还原后产成品成本						
还原后产成品单位成本						

七、实训题

【目的】练习生产费用在各种产品之间横向归集与分配的核算以及生产费用在完工产品与在产品之间纵向分配的核算,并计算出各种产品的成本。

【资料】永新工厂设有一个基本生产车间,生产甲、乙两种产品,这两种产品均属于大量大批单步骤生产,根据生产特点和管理要求,采用品种法计算产品成本。该厂还设有供电和机修两个辅助生产车间。2015 年 9 月份发生的生产费用资料如下:

(1) 根据 9 月份领退料凭证汇总的材料费用为:

甲产品领用材料费用为 10 800 元;

乙产品领用材料费用为 60 000 元;

基本生产车间机物料消耗 12 360 元;

供电车间一般消耗用料 1 800 元;

机修车间一般消耗用料 1 080 元;

企业行政管理部门一般性耗用材料 6 000 元。

(2) 根据 9 月份工资结算汇总表,工资费用为:

基本生产车间生产工人工资 72 000 元,管理人员工资 3 000 元;

供电车间生产工人工资 1 080 元,管理人员工资 720 元;

机修车间生产工人工资 3 600 元,管理人员工资 1 440 元;

企业行政管理部门管理人员工资 6 960 元。

企业基本生产车间生产工人工资(计时工资)按产品的实际工时比例在甲、乙两种产品之间进行分配。本月实际生产工时为:甲产品 3 000 小时,乙产品 2 000 小时。

(3) 按工资总额的 32.7%计提社会保险费、7%计提住房公积金。

(4) 根据 9 月份固定资产折旧计算表折旧费用为:基本生产车间 11 520 元,供电车间 1 152 元,机修车间 1 440 元,企业行政管理部门 4 320 元。

(5) 根据 9 月份有关凭证,以银行存款支付的其他费用为:

基本生产车间办公费 4 800 元,水电费 2 880 元,运输费 5 400 元,邮电费 4 843.20 元,差旅费 6 000 元,其他费用 1 869 元;

供电车间外购动力费用 60 000 元,办公费 720 元,其他费用 641.40 元;

机修车间办公费 480 元,其他费用 355.92 元;

企业行政管理部门办公费 6 000 元,水电费 960 元,差旅费 4 800 元,其他费用 7 200 元。

(6) 9 月份供电车间提供 101 035 度电,其中基本生产动力用电 75 000 度,照明用电 3 000 度;机修车间动力用电 15 000 度,照明用电 2 500 度;企业行政管理部门用电 5 535 度。

基本生产车间耗用的动力费用,按照产品的实际工时比例,在甲、乙产品之间分配。

9 月份机修车间提供经常性修理劳务 1 832.8 小时,其中基本生产车间耗用 1 532.8 小时,供电车间耗用 100 小时,企业行政管理部门耗用 200 小时。

该企业采用直接分配法分配本月发生的辅助生产费用。

(7) 9 月份发生的制造费用按照产品的实际工时比例,在甲、乙两种产品之间分配。

(8) 该企业甲产品系本月投产,甲产品的消耗定额比较准确、稳定,采用定额比例法将生产费用在完工产品与在产品之间进行分配。其中:直接材料费用按定额原材料费用比例分配,燃料及动力、直接人工和制造费用均按定额工时比例分配。

甲产品9月份完工产品定额原材料费用为11 000元,完工产品定额工时为8 000小时;月末在产品定额原材料费用为1 500元,月末在产品定额工时为2 000小时。

该企业乙产品各月在产品数量变动不大,采用在产品按年初固定成本计价法。月初在产品成本为:直接材料费用9 600元,燃料及动力费用3 000元,直接人工6 000元,制造费用4 200元。乙产品本月完工产品100件。

【要求】

(1) 根据资料(1)编制"材料费用分配表",并作原材料费用分配的会计分录。

(2) 根据资料(2)、(3)编制"直接人工费用分配表",并作分配工资、计提社会保险费和住房公积金的会计分录。

(3) 根据资料(4)编制"固定资产折旧费用计算表",并作计提折旧费用的会计分录。

(4) 根据资料(5)编制"银行存款付款凭证汇总表",并作相应会计分录。

(5) 根据资料(1)~(6)登记"辅助生产费用明细账",编制"辅助生产费用分配表",并作辅助生产费用分配的会计分录。

(6) 根据资料(1)~(7)登记"制造费用明细账",编制"制造费用分配表",并作制造费用分配的会计分录。

(7) 根据资料(1)~(8)登记"产品成本明细账",计算完工产品成本和月末在产品成本,并作完工产品验收入库的会计分录。

材料费用分配表

2015 年 9 月

应借科目			原料及主要材料	辅助材料	合 计
总账科目	明细科目	成本或费用项目			
生产成本——基本生产成本	甲产品	直接材料			
	乙产品	直接材料			
生产成本——辅助生产成本	供电车间	机物料消耗			
	机修车间	机物料消耗			
制造费用	基本车间	机物料消耗			
管理费用		物料消耗			
合 计					

会计分录:

直接人工费用分配表

2015 年 9 月

应借科目		生产工人工资			管理人员工资	工资小计	应付社会保险费和住房公积金（工资总额的 39.7%）
总账科目	明细科目	生产工时	分配率	分配额			
生产成本——基本生产成本	甲产品						
	乙产品						
小　计							
生产成本——辅助生产成本	供电车间						
	机修车间						
小　计							
制造费用	基本生产车间						
管理费用							
合　计							

会计分录：

固定资产折旧费用计算表

2015 年 9 月

车间、部门	费用项目	金　额
基本生产车间	折旧费	
供电车间	折旧费	
机修车间	折旧费	
行政管理部门	折旧费	
合　计		

会计分录：

银行存款付款凭证汇总表

2015 年 9 月

应借科目			费用金额
总账科目	明细科目	成本或费用项目	
制造费用	基本生产车间	办公费	
		水电费	
		运输费	
		邮电费	
		差旅费	
		其他费用	
小　计			
生产成本 ——辅助生产成本	供电车间	外购动力费用	
		办公费	
		其他费用	
	小　计		
	机修车间	办公费	
		其他费用	
小　计			
管理费用		办公费	
		水电费	
		差旅费	
		其他费用	
小　计			
合　计			

会计分录：

辅助生产费用明细账

2015 年 9 月

车间名称:供电车间

年		摘 要	机物料消耗	工资及附加	折旧费	外购动力费用	办公费	其他费用	合 计
月	日								

辅助生产费用明细账

2015 年 9 月

车间名称:机修车间

年		摘 要	机物料消耗	工资及附加	折旧费	办公费	其他费用	合 计
月	日							

辅助生产费用分配表（直接分配法）
2015 年 9 月

辅助生产车间			供电车间	机修车间	合　计
待分配辅助生产费用					
对辅助生产车间以外各受益部门提供的劳务数量					
分配率（或单位成本）					
生产成本——基本生产成本	甲产品	耗用数量			
		分配金额			
	乙产品	耗用数量			
		分配金额			
制造费用		耗用数量			
		分配金额			
管理费用		耗用数量			
		分配金额			
合计					

会计分录：

制造费用明细账

2015 年 9 月

车间名称：基本生产车间

年		摘　要	机物料消耗	工资及附加	折旧费	办公费	水电费	运输费	邮电费	差旅费	修理费	其他费用	合计
月	日												

制造费用分配表

2015 年 9 月

车间名称：基本生产车间

应借科目		生产工时（小时）	分配率	分配金额
总账科目	明细科目			
生产成本 ——基本生产成本	甲产品			
	乙产品			
合　计				

会计分录：

产品成本明细账

2015 年 9 月

产品名称:甲

摘 要		直接材料	燃料及动力	直接人工	制造费用	合 计
月初在产品成本						
本月生产费用						
生产费用合计						
费用分配率						
完工产品成本	定额					
	实际费用					
月末 在产品成本	定额					
	实际费用					

计算过程:

产品成本明细账

2015 年 9 月

产品名称:乙

摘 要	直接材料	燃料及动力	直接人工	制造费用	合 计
月初在产品成本					
本月生产费用					
生产费用合计					
完工产品成本					
月末在产品成本					

会计分录:

第七章 工业制造企业产品成本计算的辅助方法

一、填空题

1. 产品成本计算的分类法,是按照_____归集生产费用,计算产品成本的一种方法。

2. 分类法主要适用于产品品种、规格、型号繁多,但可以按产品的_____、_____、_____或_____的类似性将其划分为若干类别的生产企业。

3. 分类法以产品的_____作为成本计算对象。

4. 分类法将每类完工产品的成本,采用一定的方法分配给_____。

5. 在类内各种产品之间进行分配时,直接材料费用可以按_____或_____比例来分配,直接人工费用或制造费用可以按_____比例来分配。

6. 定额法是预先制定产品的_____,在此基础上,将发生的生产费用划分为两部分,即_____和_____,并在_____的基础上加减各种差异以计算产品实际成本的一种方法。

7. 直接材料定额成本 = _____ × _____

8. 直接人工定额成本 = _____ × _____

9. 制造费用定额成本 = _____ × _____

10. 脱离定额差异是实际发生的料、工、费_____的差异。

11. 直接材料脱离定额差异 = (_____ − _____) × _____

12. 直接人工脱离定额差异要区分_____与_____。

13. 直接人工费脱离定额差异 = 产品实际发生的直接人工费 − (_____ × _____)

14. 产品的定额直接人工费 = _____ × _____

15. 产品的实际直接人工费 = _____ × _____

16. 产品直接人工费脱离定额差异 = _____ − _____

17. 某产品应分配的直接材料成本差异 = (_____ ± _____) × _____

18. 新定额一般在_____开始实施。

19. 定额变动系数 = _____

20. 月初在产品定额变动差异 = _____ ×
（1－定额变动系数）

21. 产品实际成本 = _____ ± _____ ± _____ ± _____

22. 分类法是为了_____ ,定额法是为了_____。

23. 分类法和定额法与生产类型的特点_____ ,在各种类型生产中都可以采用。

二、单项选择题

( ) 1. 属于产品成本计算辅助方法的是_____。
  A. 品种法　　　B. 分批法　　　C. 分类法　　　D. 分步法

( ) 2. 分类法的适用范围是_____。
  A. 大量大批单步骤生产　　　　　B. 小批单件单步骤生产
  C. 大量大批多步骤生产　　　　　D. 各种类型的生产

( ) 3. 分类法的特点是_____。
  A. 按照产品品种计算产品成本
  B. 按照产品类别计算产品成本
  C. 按照产品类别归集生产费用,计算产品成本
  D. 按照产品类别归集生产费用,计算产品成本,并采用一定的方法将该类完工产品成本分配给类内各种产品

( ) 4. 某企业将甲、乙两种产品归为一类,采用分类法计算产品成本。甲、乙两种产品共同耗用某种材料,消耗定额分别为 24 千克和 30 千克,每千克材料的单位成本为 8 元。该企业将甲产品作为标准产品,则乙产品的直接材料费用系数为_____。
  A. 0.8　　　B. 1.25　　　C. 4　　　D. 6.25

( ) 5. 采用分类法计算产品成本,目的在于_____。
  A. 分品种计算产品成本　　　　　B. 分类别计算产品成本
  C. 分步骤计算产品成本　　　　　D. 简化成本计算工作

( ) 6. 定额法的特点是_____。
  A. 预先制定定额
  B. 费用发生时揭示差异
  C. 在定额成本的基础上加减各种差异,计算产品的实际成本
  D. 以上三点都具备

( ) 7. 直接材料定额成本的计算是_____。
  A. 产品材料定额消耗量×材料实际单价
  B. 产品材料定额消耗量×材料计划单价
  C. 产品材料实际消耗量×材料实际单价
  D. 产品材料实际消耗量×材料计划单价

( ) 8. 制造费用定额成本的计算是_____。
  A. 产品定额工时×每小时计划制造费用率

B. 产品实际工时×每小时计划制造费用率

C. 产品定额工时×每小时实际制造费用率

D. 产品实际工时×每小时实际制造费用率

（　　）9. 直接材料脱离定额差异是_____。

A. 材料实际耗用量×材料计划单价

B. 材料定额耗用量×材料计划单价

C.（材料实际耗用量－材料定额耗用量）×材料计划单价

D.（材料实际耗用量－材料定额耗用量）×材料实际单价

（　　）10. 某产品直接材料费用定额成本为 10 000 元,直接材料脱离定额差异为－2 000 元,材料成本差异率为－1％,该产品应分配的材料成本差异为_____。

　　A. 20 元　　　　　B.－80 元　　　　C.－100 元　　　　D.－120 元

（　　）11. 在定额成本法下,在消耗定额降低时,月初在产品的定额成本调整数和定额变动差异数_____。

A. 两者都是正数　　　　　　　　B. 两者都是负数

C. 前者是正数,后者是负数　　　D. 前者是负数,后者是正数

（　　）12. 在定额成本法下,如果月初在产品定额变动差异是正数,说明_____。

A. 以前月份生产耗费超支了　　　B. 以前月份生产耗费降低了

C. 本月份生产耗费超支了　　　　D. 本月份生产耗费降低了

（　　）13. 定额成本法下,定额变动系数的计算方法是_____。

A. $\dfrac{单位产品新旧定额的差额}{按新定额计算的单位产品定额成本}$

B. $\dfrac{单位产品新旧定额的差额}{按旧定额计算的单位产品定额成本}$

C. $\dfrac{按新定额计算的单位产品定额成本}{按旧定额计算的单位产品定额成本}$

D. $\dfrac{按旧定额计算的单位产品定额成本}{按新定额计算的单位产品定额成本}$

三、多项选择题

（　　）1. 与产品生产类型没有直接联系的成本计算方法有_____。

A. 品种法　　　B. 分类法　　　C. 分批法

D. 分步法　　　E. 定额法

（　　）2. 采用分类法计算产品成本的优点是_____。

A. 可以简化成本计算工作

B. 在产品品种、规格繁多的情况下,分类掌握产品成本的水平

C. 计算结果更正确

D. 分配结果更合理

E. 有利于成本的日常控制

（　　）3. 定额法是_____。

A. 为了加强定额管理和成本控制而采用的方法

B．在生产费用发生的当时就揭示差异的方法

C．在定额成本的基础上加减各种差异，计算产品实际成本的方法

D．能够及时反映、监督生产费用和产品成本脱离定额的差异的方法

E．及时地揭示差异，以便分析和控制的方法

（　　）4. 直接材料脱离定额差异_____。

A．正数是实际消耗量大于定额消耗量的超支差异

B．正数是实际消耗量小于定额消耗量的超支差异

C．负数是实际消耗量大于定额消耗量的超支差异

D．负数是实际消耗量小于定额消耗量的超支差异

E．负数是实际消耗量小于定额消耗量的节约差异

（　　）5. 脱离定额差异包括_____。

A．直接材料脱离定额差异　　　　B．材料成本超支差异

C．材料成本节约差异　　　　　　D．直接人工脱离定额差异

E．制造费用脱离定额差异

（　　）6. 某产品应分配的直接材料成本差异是_____。

A．材料实际消耗量乘以材料计划单价，再乘以材料成本差异率

B．材料定额消耗量乘以材料计划单价，再乘以材料成本差异率

C．材料定额费用乘以材料成本差异率

D．材料定额成本与脱离定额差异之和，乘以材料成本差异率

E．按计划价格反映的材料费用乘以材料成本差异率

（　　）7. 在定额法下，当消耗定额降低以后，可能引起_____。

A．月初在产品定额成本减少

B．月初在产品定额变动差异增加

C．月初在产品定额成本及定额变动差异都减少

D．月初在产品定额成本及定额变动差异都增加

E．月初在产品成本与本月发生费用之和不变

（　　）8. 下列各项中，影响定额变动差异的因素有_____。

A．生产技术改进　　　　　　　　B．产品所用材料变化

C．劳动生产率提高　　　　　　　D．修订了消耗定额

E．修订了计划价格

四、判断说明题

（　　）1. 分类法不是产品成本计算的基本方法，它与企业生产类型没有直接联系。

说明：

（　　）2. 只要产品品种、规格繁多，就可以采用分类法计算产品成本。

说明：

（　　）3. 分类法适用于产品品种、规格繁多，但可以按照一定的标准进行分类的产品生产。

说明：

（　　）4. 分类法不需要按产品品种计算成本,因而能够简化成本核算工作。

说明：

（　　）5. 分类法是以产品类别作为成本计算对象的一种产品成本计算的基本方法。

说明：

（　　）6. 用分类法算出的类内各种产品的成本,具有一定的假定性。

说明：

（　　）7. 定额法是以产品的定额作为成本计算对象。

说明：

（　　）8. 定额法与产品的生产类型没有直接联系,不论哪种类型的生产,都可以采用定额法计算产品成本。

说明：

（　　）9. 采用定额法时,必须事先制订产品的消耗定额和费用定额。

说明：

（　　）10. 在定额法下,直接材料定额成本等于产品材料实际消耗量乘以材料计划单价。

说明：

（　　）11. 直接材料脱离定额差异是按计划单价反映的直接材料的数量差异。

说明：

（　　）12. 在定额法下,产品应负担的材料成本差异为该产品的直接材料定额成本与直接材料成本差异率的乘积。

说明：

（　　）13. 定额变动差异是定额本身变动的结果,它与生产过程中料、工、费的超支或节约没有关系。

说明：

（　　）14. 在定额法下,定额变动差异是由于修订消耗定额或生产耗费的计划价格而产生的新旧定额之间的差额。

说明：

（　　）15. 在定额法下,若是定额降低,则减少了月初在产品的定额成本,增加了本月定额变动差异;若是定额提高,则提高了月初在产品的定额成本,减少了本月定额变动差异。

说明：

（　　）16. 在定额法下,产品实际成本为产品定额成本与脱离定额差异、材料成本差异、定额变动差异的代数和。

说明：

五、简答题

1. 什么是产品成本计算的分类法？其适用范围如何？

2. 分类法的特点有哪些? 有何优缺点?

3. 定额法的主要特点是什么?

4. 在定额法下,直接材料脱离定额差异是怎样计算出来的?

5. 在定额法下,材料成本差异是怎样计算出来的?

6. 什么是定额变动差异?

7. 在定额法下,产品实际成本是怎样计算出来的?

六、核算题

习题 7-1

【目的】练习产品成本计算的分类法。

【资料】某企业 A 类产品内共有甲、乙、丙三种产品。直接材料费用系数按单位产品直接材料费用定额确定,加工费用按定额工时比例分配。该企业计算出的 A 类产品本月完工产品成本为:直接材料 1 124 640 元、直接人工 76 725 元、制造费用 107 415 元,合计 1 308 780 元。

【要求】

(1) 计算直接材料费用系数(以甲产品为标准产品)、直接材料费用总系数和产品定额工时。

(2) 计算 A 类产品内各种产品的成本。

（3）编制完工产品验收入库的会计分录。

A 类产品系数和定额工时计算表

产品名称	产量（件）	单位产品直接材料费用定额	直接材料费用系数	直接材料费用总系数	单位产品工时消耗定额	定额工时
甲产品	1 125	500			60	
乙产品	600	600			90	
丙产品	150	450			120	
合　计	—	—			—	

A 类产品内各种产品成本计算表

项　目	直接材料费用总系数	定额工时	产品成本项目			完工产品总成本
			直接材料	直接人工	制造费用	
分配率						
甲产品						
乙产品						
丙产品						
合　计						

习题 7-2

【目的】练习产品定额成本的计算。

【资料】某企业生产甲产品需耗用 A、B 两种材料，单位产品直接材料定额消耗量为：耗用 A 材料 8 千克，每千克材料计划单价为 12.5 元；耗用 B 材料 10 千克，每千克材料计划单价为 9.5 元。

【要求】计算甲产品直接材料定额成本。

习题 7-3

【目的】练习产品定额成本的计算。

【资料】某企业生产甲产品,该产品由两个 A 零件和三个 B 零件组成。A、B 零件的加工工序和各工序工时定额如下表:

A、B 零件加工工序和工时定额

A 零件		B 零件	
工序	工时定额	工序	工时定额
1	1.5	1	1
2	2.5	2	3
3	4	3	6.5
4	6	4	7.5

每小时计划工资率为 5.5 元,每小时计划制造费用率为 7.5 元。

【要求】计算甲产品直接人工、制造费用定额成本。

习题 7-4

【目的】练习直接材料脱离定额差异的计算。

【资料】某车间生产乙产品,限额领料单规定的产品数量为 2 000 件,每件产品的直接材料消耗定额为 6 千克,领料限额为 12 000 千克,本月实际领料 11 600 千克。该车间期初结存材料 200 千克,期末结存材料 240 千克,每千克材料计划单价为 7.8 元。

【要求】计算乙产品直接材料脱离定额差异。

习题 7-5

【目的】练习材料成本差异的计算。

【资料】某企业生产丙产品本月份所耗原材料定额成本为 58 608 元,材料脱离定额差异为超支 792 元,材料成本差异率为 -1%。

【要求】计算丙产品应分配的材料成本差异。

习题 7-6

【目的】练习定额变动差异的计算。

【资料】某企业生产甲产品的一些零件,从本月 1 日起实行新的原材料消耗定额,单位产品旧的材料消耗定额为 60 元,新的材料消耗定额为 54 元。该产品月初在产品按旧定额计算的材料定额成本为 43 200 元。

【要求】计算甲产品月初在产品定额变动差异。

习题 7-7

【目的】练习产品定额成本、脱离定额差异、定额变动差异的计算。

【资料】某企业乙产品月初在产品数量为 100 件,原材料定额成本为 15 千克/件,单价 10 元/千克。本月份修订定额为 14 千克/件,单价 10.20 元/千克。本月产量为 300 件,耗用原材料共 4 000 千克。

【要求】

(1) 计算乙产品直接材料定额成本。

(2) 计算乙产品直接材料脱离定额差异。

(3) 计算乙产品月初在产品直接材料定额变动差异。

第八章　工业制造企业成本报表的编制和分析

一、填空题

1. 工业制造企业的成本报表,是根据＿＿＿＿＿＿和＿＿＿＿＿＿＿＿＿＿等核算资料编制的。

2. 成本报表是为企业＿＿＿＿＿＿＿＿服务的。

3. 成本报表能够＿＿＿＿＿＿＿企业生产经营管理活动质量的好坏。

4. 成本报表提供的有关资料,是企业＿＿＿＿＿＿＿＿、＿＿＿＿＿＿、＿＿＿＿＿＿＿＿＿＿＿＿＿＿＿＿的重要依据。

5. 成本报表的编制应符合以下基本要求:＿＿＿＿＿＿＿＿、＿＿＿＿＿＿、＿＿＿＿＿＿＿＿。

6. 成本报表有＿＿＿＿＿＿、＿＿＿＿＿＿＿、＿＿＿＿＿、＿＿＿＿＿＿和＿＿＿＿＿＿＿。

7. 产品生产成本表是反映工业制造企业在一定时期内生产的全部产品的＿＿＿＿和＿＿＿＿＿＿＿＿＿＿＿＿＿的报表。

8. ＿＿＿＿＿是指上一年度正式生产过、有上年成本资料可以进行对比的产品。

9. 主要产品是指企业＿＿＿＿＿,在企业全部产品中＿＿＿＿＿＿的产品。

10. 制造费用明细表是反映工业制造企业在一定时期内发生的＿＿＿＿及其＿＿＿＿的报表。

二、单项选择题

(　　) 1. 工业制造企业成本报表＿＿＿＿。
   A. 各项成本指标都应对外公布
   B. 根据企业经营管理要求,确定哪些指标对外公布,哪些指标不对外公布
   C. 根据投资人和债权人的要求,确定哪些指标对外公布,哪些指标不对外公布
   D. 各项成本指标都不对外公布

(　　) 2. 工业制造企业成本报表的种类、项目、格式和编制方法＿＿＿＿。
   A. 由国家统一规定
   B. 由企业或企业的上级机构自行规定
   C. 由国家委托各主管企业的部门分别统一规定
   D. 由国家委托的主管企业的部门与企业会同规定

(　　) 3. 工业制造企业的成本报表是＿＿＿＿。

A. 对外报送的会计报表   B. 国家统一规定格式的会计报表

C. 企业内部使用的会计报表   D. 既是对外报表，又是内部报表

（　　）4. 在填列产品生产成本表（按产品种类反映）某种产品成本的数据时，按照填列程序只能在最后填列的项目是_____。

A. 本月实际单位成本   B. 本年累计实际平均单位成本

C. 本月实际总成本   D. 本年累计实际总成本

（　　）5. 某企业生产甲产品，上年实际总成本为 50 000 元，实际总产量为 500 件；本年实际总成本为 66 000 元，实际总产量为 600 件，则可比产品成本降低额为_____。

A. 16 000 元   B. −16 000 元   C. 6 000 元   D. −6 000 元

（　　）6. 下列各项中，属于产品生产成本表（按成本项目反映）不能提供的资料是_____。

A. 本年发生的全部生产费用

B. 本年全部产品生产成本

C. 本年全部产品按上年单位成本计算的总成本

D. 上年全部产品生产成本

（　　）7. 下列指标中，属于构成比率指标的是_____。

A. 产值成本率   B. 成本利润率   C. 费用利润率   D. 制造费用比率

（　　）8. 下列指标中，属于相关指标比率的是_____。

A. 销售收入成本率   B. 直接材料费用比率

C. 直接人工费用比率   D. 制造费用比率

（　　）9. 连环替换分析法与差额计算分析法_____。

A. 两者没有任何联系   B. 两者是一种分析方法

C. 后者是前者的简化计算方法   D. 前者是后者的简化计算方法

（　　）10. 制造费用明细表反映工业企业_____。

A. 辅助生产车间的制造费用   B. 基本生产车间的制造费用

C. 所有生产车间的制造费用   D. 各生产单位的制造费用

三、多项选择题

（　　）1. 工业制造企业的成本报表一般包括_____。

A. 产品生产成本表

B. 主要产品单位成本表

C. 制造费用明细表

D. 销售费用、管理费用和财务费用明细表

E. 营业外收支明细表

（　　）2. 属于成本报表编制依据的有_____。

A. 生产成本   B. 制造费用

C. 管理费用   D. 营业外收入

E. 营业外支出

（　　）3. 工业制造企业成本报表分析的方法有_____。

     A. 构成比率分析法　　　　　　　B. 相关指标比率分析法

     C. 差额计算分析法　　　　　　　D. 连环替代分析法

     E. 对比分析法

（　　）4. 根据产品生产成本表（按产品种类反映）可以提供的资料有_____。

     A. 直接材料费用比率　　　　　　B. 直接人工费用比率

     C. 制造费用比率　　　　　　　　D. 可比产品成本降低额

     E. 可比产品成本降低率

（　　）5. 根据产品生产成本表（按成本项目反映）可以提供的资料有_____。

     A. 产品生产成本　　　　　　　　B. 直接材料费用比率

     C. 直接人工费用比率　　　　　　D. 制造费用比率

     E. 可比产品成本降低额和降低率

四、判断说明题

（　　）1. 工业制造企业的成本报表是对外公布的报表。

说明：

（　　）2. 工业制造企业成本报表的种类、项目、格式和编制方法，都是国家统一规定的。

说明：

（　　）3. 不可比产品是指上一年度没有正式生产过、没有上年成本资料可以进行对比的产品。

说明：

（　　）4. 可比产品成本降低额和降低率，是指可比产品本年累计实际总成本比本年计划总成本的降低额和降低率。

说明：

（　　）5. 可比产品成本降低额是可比产品本年实际总成本比按上年实际平均单位成本计算的总成本的降低额。

说明：

（　　）6. 可比产品成本降低额和降低率如果是负数，说明成本是降低的；如果是正数，说明成本是提高的。

说明：

（　　）7. 差额计算分析法是连环替换分析法的简化计算方法，两者计算原理和计算结果相同。

说明：

（　　）8. 成本利润率是相关指标比率分析法。

说明：

（　　）9. 构成比率分析法是指某项经济指标的全部占部分的比率。

说明：

（　　）10. 对比分析法只适用于同质指标的数量对比。

说明：

五、简答题

1. 工业制造企业成本报表的特点是什么?

2. 按反映的经济内容分类,工业制造企业成本报表有哪些?

3. 什么是可比产品? 什么是不可比产品?

六、核算题

习题 8-1

【目的】练习产品生产成本表(按产品种类反映)的编制。

【资料】某企业本年生产甲、乙两种产品,均为可比产品。有关产量和单位成本资料见产品生产成本表。

产品生产成本表（按产品种类反映）

××年12月

产品名称	计量单位	实际产量		单位成本				本月总成本			本年累计总成本		
		本月	本年累计	上年实际平均	本年计划	本月实际	本年累计实际平均	按上年实际平均单位成本计算	按本年计划单位成本计算	本月实际	按上年实际平均单位成本计算	按本年计划单位成本计算	本年实际
甲产品	件	100	1 080	200	190	180	185						
乙产品	件	80	1 000	180	160	155	160						
合　计													

【要求】

（1）计算、填列产品生产成本表（按产品种类反映）。

（2）计算可比产品成本降低额、降低率。

习题 8-2

【目的】练习产品生产成本表（按成本项目反映）的分析。

【资料】某企业本年度全部产品成本的部分资料见产品生产成本表。

产品生产成本表（按成本项目反映）

××年12月

项　目	本年计划	本年累计实际
直接材料	168 390	213 720
直接人工	54 510	57 690
制造费用	42 960	43 530
本月生产费用合计	265 860	314 940
加：在产品、自制半成品期初余额	28 188	23 280
减：在产品、自制半成品期末余额	23 058	22 608
产品生产成本合计	270 990	315 612

【要求】

（1）分别计算计划、实际各成本项目的费用占生产费用合计的比率。

（2）将本年累计实际构成与本年计划构成进行比较分析。

（3）假定本年实际产值为 471 062 元，实际销售收入为 573 800 元，实际利润为 94 680 元。计算本年实际产值成本率、销售收入成本率、成本利润率等相关指标比率。

习题 8-3

【目的】练习主要产品单位成本表的分析。

【资料】某企业甲产品直接材料成本项目计划单位成本 6 000 元,实际单位成本 5 940 元。单位产品直接材料消耗为:计划 60 千克,实际 66 千克;材料单价为:计划 100 元/千克,实际 90 元/千克。

【要求】

(1) 计算单位产品直接材料费用实际脱离计划的差异。

(2) 采用差额计算分析法,分别计算由于材料消耗量变动、材料价格变动对直接材料费用的影响。

习题 8-4

【目的】练习主要产品单位成本表的分析。

【资料】某企业甲产品直接人工成本项目计划单位成本 250 元,实际单位成本 315 元。单位产品工时消耗定额为:计划 50 小时,实际 45 小时;每小时工资率为:计划 5 元/小时,实际 7 元/小时。

【要求】

(1) 计算单位产品直接人工费用实际脱离计划的差异。

(2) 采用差额计算分析法,分别计算由于工时消耗量变动、小时工资率变动对直接人工费用的影响。

第九章　商品流通企业成本核算

一、填空题

1. 商品流通企业是通过_____购进商品、_____出售商品的方式实现_____,用以补偿商品购进成本和商品流通费用并获得_____的企业。

2. 商品流通企业有_____和_____两种类型。

3. 批发企业使商品从_____领域进入_____领域。

4. 零售企业使商品离开_____领域进入_____领域。

5. 商品流通企业既从事商品批发业务,又从事商品零售业务,称为_____企业。

6. 商品采购成本是指商品流通企业购进商品的成本,即购进商品的_____。

7. 商品销售成本是指_____的进价成本。

8. _____是商品流通企业在组织商品流转过程中发生的各种费用支出,亦称商品流通企业的_____,一般包括_____费用、管理费用和_____费用。这些期间费用不计入商品流通企业商品的采购成本,作为期间费用直接计入_____。

9. 商品批发企业成本核算一般采用_____核算法。

10. 毛利率法是指根据本月_____乘以_____来计算本月商品_____,并据以计算本月商品销售成本和期末结存商品成本的一种方法。

11. 商品零售企业成本核算一般采用_____核算法。

12. 售价金额核算法又称"_____、_____",是指平时商品的购入、销售均按_____记账,售价与进价的差额通过"_____"科目核算。

13. 售价金额核算法由于"库存商品"账户的借方和贷方均按售价记账,因此"主营业务成本"账户借方反映的是商品的_____成本。月末,应通过计算和结转已销商品的_____,将其调整为商品的进价。

二、单项选择题

（　　）1. 商品流通企业不包括_____。
  A. 粮食物资供销企业   B. 日用百货商业企业
  C. 加工企业   D. 图书发行企业

（　　）2. 商品流通企业与制造业相比,省去了_____。
  A. 商品的生产过程   B. 商品的购进过程
  C. 商品的销售过程   D. 商品的经营过程

（　　）3. 商品采购成本是指商品流通企业_____。

A. 购进商品的原价及运输费

B. 购进商品的原价及运输费、装卸费、包装费、保险费

C. 购进商品的原价及各项采购费用

D. 购进商品的进价

（　　）4. 商品批发企业成本核算一般采用_____。

    A. 售价金额核算法　　　　　　　B. 数量进价金额核算法

    C. 移动加权平均法　　　　　　　D. 个别计价法

（　　）5. 商品零售企业成本核算一般采用_____。

    A. 先进先出法　　　　　　　　　B. 月末一次加权平均法

    C. 售价金额核算法　　　　　　　D. 毛利率法

（　　）6. 以下关于售价金额核算法说法错误的是_____。

    A. 平时"库存商品"账户的借方按售价记账

    B. 平时"库存商品"账户的贷方按售价记账

    C. 平时"主营业务成本"账户反映的是商品的售价

    D. 平时"主营业务成本"账户反映的是商品的进价

（　　）7. 借记"商品进销差价"账户，贷记"主营业务成本"账户，这笔分录表示_____。

    A. 注销入库商品进销差价　　　　B. 结转已销商品进销差价

    C. 注销库存商品　　　　　　　　D. 冲销商品销售收入

（　　）8. 下列不属于商品流通费用的选项是_____。

    A. 商品销售成本　　　　　　　　B. 销售费用

    C. 管理费用　　　　　　　　　　D. 财务费用

三、多项选择题

（　　）1. 商品流通企业包括_____。

    A. 对外贸易企业　　　　　　　　B. 医药商业

    C. 石油商业　　　　　　　　　　D. 烟草商业

    E. 粮食物资供销企业

（　　）2. 中小企业在购买商品过程中发生的_____等，在发生时直接计入当期销售费用，不计入所购商品的成本。

    A. 运输费　　　　B. 装卸费　　　　C. 包装费　　　　D. 保险费

    E. 运输途中的合理损耗和入库前的挑选整理费

（　　）3. 商品批发企业在采用数量进价金额核算法时，计算商品销售成本的方法有_____。

    A. 先进先出法　　　　　　　　　B. 移动加权平均法

    C. 月末一次加权平均法　　　　　D. 个别计价法

    E. 毛利率法

（　　）4. 售价金额核算法是指_____。

    A. 平时商品的购入按售价记账

    B. 平时商品的销售按售价记账

C. 售价与进价的差额通过"商品进销差价"科目核算

D. 期末计算进销差价率和本期已销商品应分摊的进销差价

E. "库存商品"明细账既登记数量又登记金额

（　　）5. 进销差价率的计算公式可以表述为_____。

A. 进销差价率＝月末分摊前"商品进销差价"账户贷方余额÷（月末"库存商品"账户借方余额＋本月"主营业务收入"账户贷方发生额）×100％

B. 本期已销商品应分摊的进销差价＝本期"主营业务收入"账户贷方发生额×进销差价率

C. 进销差价率＝月末分摊前"商品进销差价"账户贷方余额÷（月末"库存商品"账户借方余额＋本月"主营业务成本"账户借方发生额）×100％

D. 本期已销商品应分摊的进销差价＝本期"主营业务成本"账户借方发生额×进销差价率

E. 进销差价率＝（月初结存商品进销差价＋本月购进商品进销差价）÷（月初结存商品售价＋本月购进商品售价）×100％

四、判断说明题

（　　）1. 批发企业以从事商品批发业务为主，使商品从制造领域进入消费领域。

说明：

（　　）2. 商品流通企业既从事商品批发业务，又从事商品零售业务，称为批零兼营企业。

说明：

（　　）3. 商品流通企业经营资金的运动形态主要表现为：货币资金——商品资金——货币资金。

说明：

（　　）4. 商品采购成本是指商品流通企业购进商品的进价，若购进商品时取得增值税专用发票，则按取得商品时所支付的价税合计款作为商品购进入账价格。

说明：

（　　）5. 商品销售成本是指已销商品的进价成本。

说明：

（　　）6. 商品流通费用作为期间费用直接计入当期损益，不属于商品流通企业成本核算的内容。

说明：

（　　）7. 商品批发企业成本核算一般采用售价金额核算法。

说明：

（　　）8. 毛利率法是指根据本季度销售总额乘以上季度实际毛利率来计算本月商品销售毛利，并据以计算本月商品销售成本和期末结存商品成本的一种方法。

说明：

（　　）9. 商品零售企业成本核算一般采用数量进价金额核算法。

说明：

（　　　）10.“商品进销差价”账户反映商品进价与售价之间的差价。

说明：

五、简答题

1. 什么是商品流通企业？商品流通企业按照其经营方式不同，可以分为哪两种类型？

2. 与制造业相比，商品流通企业经营资金的运动形态有什么不同？

3. 什么是商品流通费用？商品流通费用在核算上有什么特点？

4. 数量进价金额核算法的基本内容是什么？

5. 什么是毛利率法？其计算公式是怎样的？

成本会计·习题集

6. 售价金额核算法的基本内容是什么？

7. 已销商品进销差价如何计算？

8. 售价金额核算法的优缺点和注意事项是什么？

六、核算题

习题 9-1

【目的】练习数量进价金额核算法下商品采购成本的核算。

【资料】某商品批发企业 2020 年 9 月发生商品采购业务如下：

（1）2020 年 9 月 2 日从本地甲工厂购进 A 商品 5 000 件，每件进货单价 300 元，共计价款 1 500 000 元，增值税进项税额 195 000 元，价税合计 1 695 000 元以银行存款支付，A 商品已验收入库。

（2）2020 年 9 月 7 日从外地乙工厂购进 B 商品 3 000 件，每件进货单价 400 元，共计价款 1 200 000 元，增值税进项税额 156 000 元，价税合计 1 356 000 元，另销货方垫付运杂费 2 000 元，均以银行存款支付，B 商品尚未运达企业。

（3）2020 年 9 月 10 日 B 商品运达企业验收入库。

【要求】

（1）根据以上经济业务编制记账凭证。

（2）根据记账凭证登记库存商品明细账。

记账凭证

年　月　日

摘要	总账科目	明细科目	借方金额	贷方金额
合计				

财务主管　　　记账　　　出纳　　　审核　　　制单

记账凭证

年　月　日

摘要	总账科目	明细科目	借方金额	贷方金额
合计				

财务主管　　　记账　　　出纳　　　审核　　　制单

记账凭证

年　月　日

摘要	总账科目	明细科目	借方金额	贷方金额
合计				

财务主管　　　记账　　　出纳　　　审核　　　制单

库存商品明细账

商品名称：   金额单位:元

年		凭证号	摘要	收入			发出			结存		
月	日			数量	单价	金额	数量	单价	金额	数量	单价	金额

库存商品明细账

商品名称：   金额单位:元

年		凭证号	摘要	收入			发出			结存		
月	日			数量	单价	金额	数量	单价	金额	数量	单价	金额

习题 9-2

【目的】练习数量进价金额核算法下商品销售成本的核算。

【资料】某商品批发企业 2020 年第二季度甲类商品销售收入 3 240 000 元,商品销售成本为 2 656 800 元;7 月末根据销售汇总表甲类商品销售收入共计 980 000 元,增值税销项税额 127 400 元,价税合计 1 107 400 元,货款均以银行存款收讫。

【要求】

(1) 采用毛利率法计算 7 月份甲类商品的进价成本。

(2) 编制 7 月份商品销售的记账凭证。

(3) 编制 7 月份结转商品销售成本的记账凭证。

记账凭证

年　月　日

摘要	总账科目	明细科目	借方金额	贷方金额
合计				

财务主管　　　记账　　　出纳　　　审核　,　制单

记账凭证

年　月　日

摘要	总账科目	明细科目	借方金额	贷方金额
合计				

财务主管　　　记账　　　出纳　　　审核　　　制单

习题 9-3

【目的】练习数量进价金额核算法下商品销售成本的核算。

【资料】某商品批发企业 2020 年 5 月份期初结存乙类存货 150 万元，5 月份购进乙类存货 400 万元，5 月份销售乙类存货取得销售收入 600 万元，第一季度乙类存货的实际毛利率为 25%。

【要求】

（1）计算 5 月份乙类存货销售毛利。

（2）计算 5 月份乙类存货销售成本。

（3）计算 5 月末库存乙类存货成本。

（4）编制 5 月末结转乙类存货销售成本的记账凭证。

记账凭证
年　月　日

摘要	总账科目	明细科目	借方金额	贷方金额
合计				

财务主管　　　记账　　　出纳　　　审核　　　制单

习题 9-4

【目的】练习数量进价金额核算法下商品销售成本的核算。

【资料】某商品批发企业 2020 年丙种商品第二季度实际毛利率为 18%,第三季度丙种商品销售情况如下:

7 月份商品销售收入:1 200 000 元;

8 月份商品销售收入:1 300 000 元;

9 月份商品销售收入:1 400 000 元。

该商品批发企业在每个季度的前两个月采用毛利率法计算各月商品销售成本,第三个月月末采用最后进价法计算期末结存商品金额,然后采用倒挤的方法计算本月商品销售成本。9 月末结转成本前"库存商品——丙种商品"账户的余额为 2 200 000 元,按最后进价法计算出丙种商品结存额为 1 150 000 元。

【要求】

(1) 计算 7 月份丙种商品销售成本并编制结转销售成本的记账凭证。

(2) 计算 8 月份丙种商品销售成本并编制结转销售成本的记账凭证。

(3) 采用倒挤法计算 9 月份丙种商品销售成本并编制结转销售成本的记账凭证。

(4) 计算该商品批发企业第三季度实际毛利率。

记账凭证

年　月　日

摘要	总账科目	明细科目	借方金额	贷方金额
合计				

财务主管　　　记账　　　出纳　　　审核　　　制单

记账凭证

年　月　日

摘要	总账科目	明细科目	借方金额	贷方金额
合计				

财务主管　　　记账　　　出纳　　　审核　　　制单

记账凭证

年　月　日

摘要	总账科目	明细科目	借方金额	贷方金额
合计				

财务主管　　　记账　　　出纳　　　审核　　　制单

习题 9-5

【目的】练习商品批发企业成本核算——数量进价金额核算法。

【资料】某批发企业采用数量进价金额核算法,季度前两个月商品销售成本采用毛利率计算法,季度最后一个月商品销售成本采用先进先出法计算。该企业电饭煲大类商品 2020 年 10 月份销售额为 320 000 元,11 月份销售额为 296 000 元,上季度(第三季度)实际毛利率为 15%。2020 年第四季度库存商品电饭煲大类账和 F84015 电饭煲、FZ4010C 电饭煲、FL4082电饭煲明细账如下所示:

库存商品大类账

类别:电饭煲

2020 年		凭证号	摘要	借方	贷方	借或贷	余额
月	日						
10	1		期初结存			借	116 900
	8		购进	206 880			
	31		结转成本				
11	10		购进	259 680			
	30		销售				
12	6		购进	283 200			
	31		销售				

库存商品明细账

类别:电饭煲　　　　　　　品名:F84015　　　　　　　金额单位:元

2020 年		凭证号	摘要	收入			发出			结存		
月	日			数量	单价	金额	数量	单价	金额	数量	单价	金额
10	1		结存							100	320	32 000
	8		购进	200	304	60 800						
	31		销售				240					
11	10		购进	240	296	71 040						
	30		销售				220					
12	6		购进	250	288	72 000						
	31		销售				300					

库存商品明细账

类别:电饭煲　　　　　　　品名:FZ4010C　　　　　　　金额单位:元

2020 年		凭证号	摘要	收入			发出			结存		
月	日			数量	单价	金额	数量	单价	金额	数量	单价	金额
10	1		结存							80	384	30 720
	8		购进	250	368	92 000						
	31		销售				300					
11	10		购进	320	360	115 200						
	30		销售				300					
12	6		购进	350	352	123 200						
	31		销售				360					

库存商品明细账

类别：电饭煲　　　　　　　　品名：FL4082　　　　　　　　金额单位：元

2020年		凭证号	摘要	收入			发出			结存		
月	日			数量	单价	金额	数量	单价	金额	数量	单价	金额
10	1		结存							70	440	30 800
	8		购进	130	416	54 080						
	31		销售				150					
11	10		购进	180	408	73 440						
	30		销售				200					
12	6		购进	220	400	88 000						
	31		销售				230					

【要求】

（1）计算 10 月份、11 月份电饭煲大类商品销售成本并编制结转销售成本的记账凭证。

（2）采用先进先出法计算 12 月末电饭煲大类商品月末库存商品成本。（提示：先采用先进先出法计算库存商品明细账月末结存商品成本，再求和算出电饭煲大类商品月末库存商品成本）

（3）采用倒挤法计算 12 月份电饭煲大类商品销售成本并编制结转销售成本的记账凭证。

（4）同时登记库存商品大类账和库存商品明细账并随时结出余额。

记账凭证

年　　月　　日

摘要	总账科目	明细科目	借方金额	贷方金额
合计				

财务主管　　　　记账　　　　出纳　　　　审核　　　　制单

记账凭证
年　月　日

摘要	总账科目	明细科目	借方金额	贷方金额
合计				

财务主管　　　记账　　　出纳　　　审核　　　制单

记账凭证
年　月　日

摘要	总账科目	明细科目	借方金额	贷方金额
合计				

财务主管　　　记账　　　出纳　　　审核　　　制单

习题 9-6

【目的】练习商品零售企业成本核算。

【资料】某商品零售企业 2020 年 8 月 15 日购进某品牌月饼 300 盒,每盒不含税单价为 60 元,增值税进项税额 2 340 元,款项已用银行存款支付,商品尚未验收。8 月 16 日,300 盒月饼由食品柜验收,每盒月饼标价 79.10 元。8 月 31 日盘点共销售月饼 200 盒,取得货款共计 15 820 元,分别以现金收讫。

【要求】

(1) 编制商品采购的记账凭证。

(2) 编制商品验收入库的记账凭证。

(3) 月末编制取得商品销售收入的记账凭证。

(4) 月末编制结转商品销售成本的记账凭证。

(5) 月末计算已销商品进销差价率,分摊已销商品应分配的进销差价并编制记账凭证。

(6) 结转已销商品应缴纳的增值税销项税额。

(7) 根据记账凭证登记"库存商品"和"商品进销差价"账户(假定月饼商品月初无余额)。

记账凭证

年　月　日

摘要	总账科目	明细科目	借方金额	贷方金额
合计				

财务主管　　　记账　　　出纳　　　审核　　　制单

记账凭证

年　月　日

摘要	总账科目	明细科目	借方金额	贷方金额
合计				

财务主管　　　记账　　　出纳　　　审核　　　制单

记账凭证

年　月　日

摘要	总账科目	明细科目	借方金额	贷方金额
合计				

财务主管　　　记账　　　出纳　　　审核　　　制单

记账凭证

年　月　日

摘要	总账科目	明细科目	借方金额	贷方金额
合计				

财务主管　　　记账　　　出纳　　　审核　　　制单

记账凭证

年　月　日

摘要	总账科目	明细科目	借方金额	贷方金额
合计				

财务主管　　　记账　　　出纳　　　审核　　　制单

记账凭证
年　月　日

摘要	总账科目	明细科目	借方金额	贷方金额
合计				

财务主管　　　记账　　　出纳　　　审核　　　制单

"库存商品"账户

年		凭证号	摘要	借方	贷方	借或贷	余额
月	日						

"商品进销差价"账户

年		凭证号	摘要	借方	贷方	借或贷	余额
月	日						

第十章 汽车运输企业、餐饮企业、旅游业成本核算

一、填空题

1. 汽车运输企业成本项目一般可以分为_____、_____、_____和_____四项。

2. 直接材料主要由_____和_____构成。

3. 直接人工主要由_____和_____构成。

4. 燃料费用 = _____ × _____。

5. 采用实地盘存制当月燃料实际消耗量 = _____ + _____ − _____。

6. 营运车辆的折旧一般采用_____计提。

7. 餐饮企业采用永续盘存法本月实际耗用原材料成本 = _____ + _____ − _____。

8. 餐饮企业采用实地盘存法本月实际耗用原材料成本 = _____ + _____ − _____。

9. 旅游业组团社先取得_____,后发生_____。

10. 旅游业接团社先发生_____,后取得_____。

二、单项选择题

( ) 1. 下列不属于汽车运输业成本项目的是_____。
  A. 直接材料   B. 直接人工
  C. 折旧费   D. 营运间接费用

( ) 2. 实行满油箱制的汽车运输企业,在每月月末将油箱加满,这样当月燃料实际消耗量就是_____。
  A. 当月加油量   B. 当月累计加油量
  C. 月初车存量   D. 月末车存量

( ) 3. 运输车辆领用的汽车内外胎_____。
  A. 可按实际费用一次性计入当月车辆成本
  B. 可按其寿命分期计入各个月份车辆成本
  C. 可按计划成本计入各个月份车辆成本
  D. 可按计划成本一次性计入当月车辆成本

( ) 4. 医疗保险费按工资总额的_____计提。
  A. 22%   B. 14%
  C. 17%   D. 12%

（　　）5. 采用永续盘存法是按餐饮部门_____来计算原材料成本。

       A. 实际领用原材料数量　　　　　　B. 实际消耗原材料数量

       C. 实际结存原材料数量　　　　　　D. 实际盘点原材料数量

（　　）6. 假退料是材料实物并不移动，但在会计核算上，同时编制_____。

       A. 本月末领料单　　　　　　　　　B. 本月末退料单

       C. 下月初领料单　　　　　　　　　D. 本月末退料单和下月初领料单

（　　）7. 接团社的营业成本不包括_____。

       A. 支付给饭店的餐费　　　　　　　B. 支付给宾馆的住宿费

       C. 支付给组团社的佣金　　　　　　D. 支付给旅游场所的门票费

三、多项选择题

（　　）1. 汽车运输企业成本项目一般可分为_____。

       A. 直接材料　　　　　　　　　　　B. 社会保险费

       C. 直接人工　　　　　　　　　　　D. 营运直接费用

       E. 营运间接费用

（　　）2. 营运直接费用主要由_____等七项费用构成。

       A. 车辆折旧费，修理费　　　　　　B. 工资、津贴、奖金

       C. 养路费、运输管理费　　　　　　D. 车辆保险费，行车事故费

       E. 其他费用

（　　）3. 燃料消耗量的计算方法有_____。

       A. 实际消耗量　　　　　　　　　　B. 计划消耗量

       C. 满油箱制　　　　　　　　　　　D. 累计消耗量

       E. 实地盘存制

（　　）4. 社会保险费是企业按职工工资计提的应由企业承担的_____。

       A. 养老保险费　　　　　　　　　　B. 医疗保险费和生育保险费

       C. 失业保险费　　　　　　　　　　D. 工伤保险费

       E. 住房公积金等

（　　）5. 营运间接费用可以按_____分配。

       A. 营运收入比例　　　　　　　　　B. 直接材料费用比例

       C. 直接人工费用比例　　　　　　　D. 营运直接费用比例

       E. 各种车辆成本比例

（　　）6. 餐饮企业成本核算方法有_____。

       A. 实际成本法　　　　　　　　　　B. 计划成本法

       C. 永续盘存法　　　　　　　　　　D. 实报实销法

       E. 实地盘存法

（　　）7. 接团社的营业成本主要包括_____。

       A. 餐费　　　　B. 住宿费　　　　C. 交通费　　　　D. 门票费

       E. 保险费等

四、判断说明题

（　　）1. 汽车运输企业发生的费用，直接计入各车队成本。

说明：

（　　）2. 汽车运输企业的直接人工费用工资和计提的福利费两部分组成。

说明：

（　　）3. 五项保险费合计为工资总额的 37％。

说明：

（　　）4. 计提社会保险费和住房公积金应借记"主营业务成本"账户，贷记"应付职工薪酬"账户。

说明：

（　　）5. "假退料"即材料实物并不移动，会计上也无需进行核算。

说明：

（　　）6. 实地盘存制是平时领用原材料不填制领料单，也不作账务处理，期末通过实地盘点，确认原材料的数量金额，倒挤出本月实际耗用原材料成本。

说明：

（　　）7. 组团社旅游业务成本是指组团社应拨付给接团社的各项直接支出。

说明：

（　　）8. 组团社旅游业务成本是应付给为客人提供食宿、交通、游览等服务部门的各项直接支出。

说明：

（　　）9. 组团社先发生营业成本，后取得营业收入。

说明：

（　　）10. 接团社是接待费用支付在先，与组团社结算费用在后，也就是先发生营业成本后取得营业收入。

说明：

五、简答题

1. 汽车运输企业燃料消耗量的计算方法有哪两种？

2. 直接人工费用中社会保险费包括哪些内容？它们的计提比例分别是多少？

3. 什么是餐饮企业的永续盘存法和实地盘存法？

4. 试述旅游业成本核算的特点。

六、核算题

习题 10-1

【目的】练习小型汽车运输企业成本核算。

【资料】某小型汽车运输公司经营轻型货车和重型货车两类运输业务，2020 年 5 月份共有轻型车 5 辆，重型车 3 辆，本月轻型车运输量为 1 000 千吨公里，重型车运输量为 800 千吨公里。另有一个车场(内设管理机构)。本月各项费用见下列表格：

燃料(汽油)、轮胎耗用汇总表

项目	燃料			轮胎			合计
	数量(升)	单价(元/升)	金额	数量(只)	单价	金额	
轻型货车	18 000	8.20	147 600	100	600	60 000	207 600
重型货车	22 000	8.20	180 400	150	900	135 000	315 400
车场	400	8.20	3 280				3 280
合计	40 400		331 280	250		195 000	526 280

工资及社会保险费汇总分配表

项目	工资	社会保险费	住房公积金	合计
轻型货车	30 000	11 100	2 100	43 200
重型货车	20 000	7 400	1 400	28 800
车场	15 000	5 550	1 050	21 600
合计	65 000	24 050	4 550	93 600

营运直接费用分配表

项目	折旧费	修理费	养路费	管理费	其他	合计
轻型货车	42 000	14 000	2 800	2 500	2 700	64 000
重型货车	40 400	12 000	3 200	2 400	2 400	60 400
合计	82 400	26 000	6 000	4 900	5 100	124 400

营运间接费用分配表

项目	分配标准（营运直接费用）	分配率	分配额
轻型货车			
重型货车			
合计			

汽车运输成本计算表

单位：元

项目	轻型货车	重型货车	合计
一、直接材料			
1. 燃料费			
2. 轮胎费			
二、直接人工			
三、营运直接费用			
四、营运间接费用			
五、运输总成本			
六、运输周转量（千吨公里）			
七、运输单位成本（元/千吨公里）			

【要求】

1. 根据前三个表格编制记账凭证（营运直接费用以银行存款支付）。

2. 编制营运间接费用分配表（间接营运费用按直接营运费用比例分配），并编制记账凭证。

3. 编制汽车运输成本计算表。

记账凭证
年　月　日

摘要	总账科目	明细科目	借方金额	贷方金额
合计				

财务主管　　　记账　　　出纳　　　审核　　　制单

记账凭证
年　月　日

摘要	总账科目	明细科目	借方金额	贷方金额
合计				

财务主管　　　记账　　　出纳　　　审核　　　制单

记账凭证

年　月　日

摘要	总账科目	明细科目	借方金额	贷方金额
合计				

财务主管　　　记账　　　出纳　　　审核　　　制单

记账凭证

年　月　日

摘要	总账科目	明细科目	借方金额	贷方金额
合计				

财务主管　　　记账　　　出纳　　　审核　　　制单

习题 10-2

【目的】练习餐饮企业成本核算。

【资料】某菜馆 2020 年 7 月初"原材料"账户余额为 7 200 元,7 月份购进原材料总额为 35 000 元,7 月末根据盘存表计算原材料结存额为 5 800 元。

【要求】采用盘存计耗法计算 7 月份耗用的原材料成本,并编制记账凭证。

记账凭证
年　月　日

摘要	总账科目	明细科目	借方金额	贷方金额
合计				

财务主管　　　记账　　　出纳　　　审核　　　制单

习题 10-3

【目的】练习旅游业成本核算。

【资料】组团社 2020 年 7 月末收到接团社的旅行费用结算通知单,总成本 64 000 元,其中:房费 28 000 元,餐费 9 000 元,交通费 8 000 元,门票 6 000 元,保险费 2 000 元,综合服务费 11 000 元,审核无误后办理支付。

【要求】根据以上资料编制组团社的记账凭证。

记账凭证
年　月　日

摘要	总账科目	明细科目	借方金额	贷方金额

成本会计综合练习

一、填空题

1. 产品成本是指工业制造企业为了_____而发生的各种耗费。它可以指一定时期为生产一定数量产品而发生的_____，也可以指一定时期生产产品的_____。

2. 成本会计的对象是成本会计所要_____的内容。

3. _____、_____、_____都作为期间费用，直接计入_____。

4. 工业制造企业成本会计的对象包括生产经营过程中_____、_____以及_____。

5. 企业的各项财产物资在取得时应当按照_____计量。

6. 基本生产车间用来生产产品的机器设备的折旧费，应先归集在_____账户的借方。

7. 计入经营管理费用中管理费用的各种税金包括_____、_____、_____和_____。

8. 按税法规定计算出应交税金时，借记"管理费用"账户，贷记"应交税费"账户；实际缴纳时，借记"应交税费"账户，贷记"银行存款"账户的是_____税、_____税和_____税。

9. _____税可用现金或银行存款直接缴纳。缴纳时，借记_____账户，贷记_____或_____账户。

10. _____是指企业已经支付出，但尚未受益的费用，即预先支付货币资金而应由以后几个会计期间共同受益的项目。

11. _____是指企业按照规定从成本费用中预先提取但尚未支付的费用。

12. 进行工具、模具、修理用备件等产品制作的辅助生产车间，当产品完工、验收入库时，借记_____或_____账户，贷记_____账户。

13. 采用直接分配法是将辅助生产车间发生的费用，直接分配给_____的各受益单位或产品，不考虑各辅助生产车间之间_____的情况。

14. 对外销售的_____，不属于企业的在产品，而是属于库存商品。

15. 在产品盘盈时，应借记_____账户，贷记_____账户；按照规定转销时，则借记_____账户，贷记_____账户。

16. 本月完工产品费用＝_____费用＋_____费用－_____费用。

17. 在产品不计算成本法的特点是_____等于_____。

18. _____的特点也是本月生产费用等于本月完工产品成本。

19. 采用在产品按所耗原材料费用计价法分配完工产品与月末在产品费用时，月末在产品只计算_____费用,不计算_____和_____费用。

20. 在产品按完工产品成本计价法是将在产品视同_____分配各项费用。

21. 约当产量是将在产品数量按照_____折算成相当于完工产品的产量。

22. 原材料在生产开始时一次投料,直接材料费用的分配可以按照完工产品的_____和月末在产品的_____比例进行分配。

23. 原材料随着生产进度陆续投料,直接材料费用的分配可以按照完工产品的_____和月末在产品的_____比例进行分配。

24. 在产品按定额成本计价法是先计算确定_____,然后倒挤出完工产品成本的一种方法。

25. 采用在产品按定额成本计价法,月末在产品实际成本与定额成本之间的差异,无论是超支还是节约,都由_____负担。

26. 完工产品与在产品之间采用定额比例法分配费用时,直接材料费用按_____或_____比例分配,直接人工费用和制造费用按_____比例分配。

27. 生产特点和管理要求对成本计算的影响,主要表现在_____的确定上。

28. _____、_____和_____是产品成本计算的三种基本方法。

29. _____和_____是产品成本计算的两种辅助方法。

30. 产品成本计算的品种法,是按照_____归集生产费用,计算产品成本的一种方法。

31. 品种法适用于_____生产或管理上不要求分步骤计算成本的_____生产。

32. 产品成本计算的分批法,是按照_____归集生产费用,计算产品成本的一种方法。

33. 产品成本计算的分步法,是按照产品的_____和_____归集生产费用,计算产品成本的一种方法。

34. 逐步结转分步法又称_____的分步法。

35. 半成品通过仓库收发,验收入库时,借记_____科目,贷记_____科目;到下一步骤领用时,借记_____科目,贷记_____科目。

36. 采用综合结转法结转半成品成本,各步骤所耗半成品的成本是以_____项目综合反映的。

37. 产品成本计算的分类法,是按照_____归集生产费用,计算产品成本的一种方法。

38. 分类法将每类完工产品的成本,采用一定的方法分配给_____。

39. 在类内各种产品之间进行分配时,直接材料费用可以按_____或_____比例来分配,直接人工费用或制造费用可以按_____比例来分配。

40. 在定额法下,产品实际成本计算公式为:

产品实际成本 = 产品定额成本 ± _____ ± _____ ± _____。

41. 直接材料脱离定额差异 = (_____ − _____) × 材料计划单价。

42. 定额变动系数 = _____ ÷ _____。

43. 工业制造企业的成本报表是根据_____和_____等核算资料编制的。

44. 成本报表是为企业_____服务的。

45. _____是指上一年度正式生产过、有上年成本资料可以进行对比的产品。

二、单项选择题

(   ) 1. 工业制造企业成本会计的对象是_____。
  A. 生产经营过程中生产费用的发生
  B. 产品成本的计算
  C. 期间费用的发生和归集
  D. 生产经营过程中生产费用的发生、产品成本的计算以及期间费用的发生和归集

(   ) 2. 为了正确计算产品成本,应该做好的成本核算的基础工作是_____。
  A. 确定成本计算对象
  B. 材料物资的计量、收发、领退和盘点
  C. 正确划分各种费用界限
  D. 选择适当的产品成本计算方法

(   ) 3. 用于产品生产、构成产品实体的原材料费用,应计入_____账户。
  A. "生产成本——基本生产成本"　　B. "制造费用"
  C. "管理费用"　　　　　　　　　　D. "销售费用"

(   ) 4. 支付外购动力费用时,应借记_____账户,贷记"银行存款"账户。
  A. "预付账款"　　　　　　　　　　B. "应付账款"
  C. "其他应付款"　　　　　　　　　D. 成本、费用等

(   ) 5. 直接分配法是将辅助生产费用_____的方法。
  A. 直接分配给所有受益单位
  B. 直接分配给辅助生产以外各受益单位
  C. 直接分配给辅助生产以内各受益单位
  D. 直接分配给基本生产产品

(   ) 6. 在产品不计算成本法适用于_____的产品。
  A. 没有在产品　　　　　　　　B. 各月末在产品数量很小
  C. 各月末在产品数量变化很小　　D. 各月末在产品数量固定

(   ) 7. 在产品按所耗原材料费用计价法适用于_____的产品。
  A. 各月末在产品数量较大
  B. 各月末在产品数量变化较大
  C. 原材料费用在产品中所占比重较大
  D. 以上三项条件同时具备

(   ) 8. 某企业定额管理基础比较好,能够制定比较准确、稳定的消耗定额,各月末在产品数量变化不大的产品,应采用_____。

A．在产品按定额成本计价法

B．定额比例法

C．在产品按所耗原材料费用计价法

D．在产品按年初固定成本计价法

（　）9．在产品完工率为＿＿＿＿＿与完工产品工时定额的比率。

A．所在工序工时定额

B．所在工序工时定额之半

C．所在工序累计工时定额

D．上道工序累计工时定额与所在工序工时定额之半的合计数

（　）10．某产品经三道工序加工而成，各工序的工时定额分别为 6 小时、12 小时、12 小时，则第三道工序的完工率为＿＿＿＿＿。

A．40％　　　　　B．50％　　　　　C．80％　　　　　D．100％

（　）11．适用于大量大批单步骤生产的产品成本计算方法是＿＿＿＿＿。

A．品种法　　　　　　　　　　B．分批法

C．分步法　　　　　　　　　　D．分类法

（　）12．在小批单件单步骤生产情况下，应采用的成本计算方法是＿＿＿＿＿。

A．分批法　　　　B．分步法　　　　C．分类法　　　　D．定额法

（　）13．在大量大批多步骤生产的情况下，所采用的成本计算方法应是＿＿＿＿＿。

A．品种法　　　　B．分批法　　　　C．分步法　　　　D．分类法

（　）14．品种法是产品成本计算的＿＿＿＿＿

A．主要方法　　　　　　　　　B．重要方法

C．最基本方法　　　　　　　　D．一般方法

（　）15．下列各项中，属于各种产品成本计算方法都必须提供的是＿＿＿＿＿。

A．按品种反映的产品成本

B．按批别反映的产品成本

C．按生产步骤反映的产品成本

D．产品定额成本

（　）16．逐步结转分步法，按照半成品成本在下一步骤产品成本明细账中的反映方法，可以分为＿＿＿＿＿。

A．综合结转法和平行结转法

B．平行结转法和分项结转法

C．综合结转法和分项结转法

D．实际成本结转法和计划成本结转法

（　）17．成本还原的对象是＿＿＿＿＿。

A．产成品成本中所耗上一步骤半成品的综合成本

B．各步骤所耗上一步骤半成品的综合成本

C．最后步骤的产成品成本

D．各步骤半成品成本

（　）18．进行成本还原，应以还原分配率分别乘以＿＿＿＿＿。

A．本月所产半成品各个成本项目的费用

B. 本月所耗半成品各个成本项目的费用

C. 本月所产该种半成品各个成本项目的费用

D. 本月所耗该种半成品各个成本项目的费用

( )19. 采用分类法计算产品成本,目的在于_____。

　　A. 分品种计算产品成本

　　B. 分类别计算产品成本

　　C. 分步骤计算产品成本

　　D. 简化成本计算工作

( )20. 分类法的特点是_____。

　　A. 按照产品品种计算产品成本

　　B. 按照产品类别计算产品成本

　　C. 按照产品类别归集生产费用,计算产品成本

　　D. 按照产品类别归集生产费用,计算产品成本,并采用一定的方法将该类完工产品成本分配给类内各种产品

( )21. 定额法的特点是_____。

　　A. 预先制定定额

　　B. 费用发生时揭示差异

　　C. 在定额成本的基础上加减各种差异,计算产品的实际成本

　　D. 以上三点都具备

( )22. 某产品直接材料费用定额成本为 10 000 元,直接材料脱离定额差异为 -2000 元,材料成本差异率为 -1%,该产品应分配的材料成本差异为_____。

　　A. 20 元　　　　B. -80 元　　　　C. -100 元　　　　D. -120 元

( )23. 工业制造企业的成本报表_____。

　　A. 是对外报送的会计报表

　　B. 是国家统一规定格式的会计报表

　　C. 是企业内部使用的会计报表

　　D. 既是对外报表,又是内部报表

( )24. 下列各项中,属于构成比率指标是_____。

　　A. 产值成本率　　　　　　　　B. 成本利润率

　　C. 费用利润率　　　　　　　　D. 制造费用比率

( )25. 下列各项中,属于相关指标比率的是_____

　　A. 销售收入成本率　　　　　　B. 直接材料费用比率

　　C. 直接人工费用比率　　　　　D. 制造费用比率

三、多项选择题

( ) 1. 成本的作用主要表现为_____。

　　A. 是补偿生产耗费的尺度

　　B. 是综合反映企业生产经营活动质量的重要指标

　　C. 是企业对外报告的主要内容

D．是制定产品价格的重要依据

E．是进行决策的重要依据

（　　）2．下列各项中，为了正确计算产品成本，必须正确划分的费用界限有_____。

A．生产费用和期间费用的界限

B．产品销售费用与管理费用的界限

C．各期产品成本的费用界限

D．各种产品的费用界限

E．完工产品与在产品的费用界限

（　　）3．下列各项中，不属于产品成本项目的有_____。

A．税金　　　　　B．工资　　　　　C．折旧费　　　　　D．其他支出

E．直接材料

（　　）4．缴纳税金的会计分录可能是_____。

A．借记"生产成本——基本生产成本"账户

B．借记"制造费用"账户

C．借记"管理费用"账户

D．借记"应交税费"账户

E．贷记"银行存款"账户

（　　）5．分配折旧费的会计分录可能是_____。

A．借记"生产成本——基本生产成本"账户

B．借记"制造费用"账户

C．借记"管理费用"账户

D．贷记"生产成本——辅助生产成本"账户

E．贷记"累计折旧"账户

（　　）6．生产工具、模具、修理用备件等产品的辅助生产车间，当产品完工、验收入库时_____。

A．借记"周转材料——低值易耗品"账户

B．借记"原材料"账户

C．贷记"生产成本——辅助生产成本"账户

D．借记"制造费用"账户

E．借记"管理费用"账户

（　　）7．提供劳务的辅助生产车间按照受益原则分配费用时，可能借记的账户有_____。

A．"生产成本——基本生产成本"

B．"生产成本——辅助生产成本"

C．"制造费用"

D．"管理费用"

E．"销售费用"

（　　）8．发生制造费用时，应借记"制造费用"账户，贷记_____等账户。

A．"生产成本——基本生产成本"

B．"原材料"

C．"应付职工薪酬——工资薪酬"

D．"应付职工薪酬——社会保险费"

E．"累计折旧"

（　）9. 完工产品与在产品之间分配费用的方法有_____。

    A．计划成本分配法　　　　　B．约当产量比例法

    C．在产品按定额成本计价法　　D．直接分配法

    E．定额比例法

（　）10. 采用在产品按定额成本计价法分配完工产品和月末在产品费用,应具备下列
条件_____。

    A．定额管理基础较好　　　　B．各项消耗定额准确、稳定

    C．各月末在产品数量变化较小　　D．各月末在产品数量变化较大

    E．计划制定合理

（　）11. 采用定额比例法分配完工产品和在产品费用,应具备以下条件_____。

    A．各项消耗定额比较准确

    B．各项消耗定额比较稳定

    C．各月末在产品数量变化不大

    D．各月末在产品数量变化较大

    E．各月末在产品数量较小

（　）12. 产品成本计算的基本方法有_____。

    A．品种法　　　　　　　　　B．分批法

    C．分类法　　　　　　　　　D．分步法

    E．定额法

（　）13. 品种法适用于_____。

    A．大量大批生产

    B．单步骤生产

    C．小批单件生产

    D．管理上不要求分步骤计算成本的多步骤生产

    E．管理上要求分步骤计算成本的多步骤生产

（　）14. 分批法适用于_____。

    A．小批生产

    B．管理上不要求分步计算成本的多步骤生产

    C．成批生产

    D．单件生产

    E．大量生产

（　）15. 采用逐步结转分步法,按照结转的半成品成本在下一步骤产品成本明细账中
的反映方法,分为_____。

    A．综合结转法　　　　　　　B．分项结转法

    C．按实际成本结转　　　　　D．按计划成本结转

    E．平行结转法

（　）16. 采用综合结转法结转半成品成本的优点是_____。

A. 能够看出各步骤产品所耗上一步骤半成品费用的水平

B. 能够看出本步骤加工费用的水平

C. 能够直接、正确地提供按原始成本项目反映的产品成本资料

D. 有利于各生产步骤的管理

E. 核算工作简便

( )17. 与产品生产类型没有直接联系的成本计算方法有_____。

A. 品种法   B. 分类法

C. 分批法   D. 分步法

E. 定额法

( )18. 脱离定额差异包括_____。

A. 直接材料脱离定额差异   B. 材料成本超支差异

C. 材料成本节约差异   D. 直接人工脱离定额差异

E. 制造费用脱离定额差异

( )19. 工业制造企业的成本报表一般包括_____。

A. 产品生产成本表

B. 主要产品单位成本表

C. 制造费用明细表

D. 销售费用、管理费用和财务费用明细表

E. 营业外收支明细表

( )20. 工业制造企业成本报表分析的方法有_____。

A. 构成比率分析法   B. 相关指标比率分析

C. 差额计算分析法   D. 连环替代分析法

E. 对比分析法

四、判断说明题(对错误的请加以说明并改错)

( ) 1. 期间费用不计入产品成本,但它们与产品成本有着密切的联系,也是成本会计反映和监督的内容。

        说明:

( ) 2. 期间费用包括生产费用、管理费用和财务费用。

        说明:

( ) 3. 为了正确计算产品成本,应该正确划分各期产品成本的费用界限。

        说明:

( ) 4. "假退料"的办法是弄虚作假的办法。

        说明:

( ) 5. 对于几种产品生产共同耗用的、并且构成产品实体的原材料费用,应该直接计入各种产品成本。

        说明:

( ) 6. 采用计件工资形式下,如果生产多种产品,则应采用一定的分配标准分配工资费用后再计入各种产品成本。

说明：

（　　）7. 凡是固定资产的折旧费都是产品成本的组成部分，都应计入产品成本。

说明：

（　　）8. 利息费用一般按季结算支付；支付时，借记"预付账款"账户。

说明：

（　　）9. 企业缴纳房产税、车船使用税和土地使用税时，应借记"管理费用"账户，贷记"银行存款"账户。

说明：

（　　）10. 采用直接分配法时，辅助生产费用分配率的分子是辅助生产车间费用总额，分母是该辅助生产车间提供的劳务总量。

说明：

（　　）11. 采用按年初数固定计算在产品成本法时，某种产品本月发生的生产费用就是本月完工产品的成本。

说明：

（　　）12. 采用在产品按所耗原材料费用计价法时，产品的加工费用全部由完工产品成本负担。

说明：

（　　）13. 完工产品与在产品之间分配费用的约当产量比例法适用于直接人工费用和制造费用的分配，不适用于直接材料费用的分配。

说明：

（　　）14. 采用在产品按定额成本计价法，一般先算出分配率，然后再算出完工产品成本和月末在产品成本。

说明：

（　　）15. 工业制造企业按生产组织方式可分为单步骤生产和多步骤生产。

说明：

（　　）16. 工业制造企业生产按照生产组织方式可分为大量生产、成批生产和单件生产。

说明：

（　　）17. 成批生产的企业，应采用分批法计算产品成本。

说明：

（　　）18. 生产类型和管理要求对产品成本计算的影响，主要表现在对成本计算对象的确定上。

说明：

（　　）19. 由于每个工业制造企业最终都必须按照产品品种计算出产品成本，因此品种法是成本计算基本方法中最基本的方法。

说明：

（　　）20. 采用分批法计算产品成本，在单件生产的情况下，不必将生产费用在完工产品和在产品之间进行分配。

说明：

（　　）21. 分步法是按照产品的生产步骤归集生产费用、计算产品成本的一种方法。

说明：

（　　）22. 采用逐步结转分步法，半成品成本的结转与半成品实物的转移是一致的。

说明：

（　　）23. 采用综合结转法都必须进行成本还原。

说明：

（　　）24. 成本还原的对象是还原前的产成品成本。

说明：

（　　）25. 逐步结转分步法下，分项结转半成品成本不需要进行成本还原。

说明：

（　　）26. 只要产品品种、规格繁多，就可以采用分类法计算产品成本。

说明：

（　　）27. 采用定额法时，必须事先制订产品的消耗定额和费用定额。

说明：

（　　）28. 在定额法下，直接材料定额成本等于产品材料实际消耗量乘以材料计划单价。

说明：

（　　）29. 直接材料脱离定额差异是按计划单价反映的直接材料的数量差异。

说明：

（　　）30. 在定额法下，产品应负担的材料成本差异为该产品的直接材料定额成本与直接材料成本差异率的乘积。

说明：

（　　）31. 在定额法下，定额变动差异是由于修订消耗定额或生产耗费的计划价格而产生的新旧定额之间的差额。

说明：

（　　）32. 工业制造企业的成本报表是对外公布的报表。

说明：

（　　）33. 不可比产品是指上一年度没有正式生产过、没有上年成本资料可以进行对比的产品。

说明：

（　　）34. 成本利润率是相关指标比率。

说明：

（　　）35. 构成比率分析法是指某项经济指标的全部占部分的比率。

说明：

五、核算题

1. 材料费用的分配。

某企业本月基本生产车间生产甲、乙两种产品的实际产量资料及定额资料如下：

甲产品实际产量1 500件，单位产品原材料定额费用10元；乙产品实际产量500件，单位产品原材料定额费用20元。以上两种产品共同耗用原材料费用725 000元。

【要求】

（1）计算甲、乙产品原材料定额费用。

（2）计算原材料费用分配率。

（3）采用定额费用比例法分配甲、乙两种产品共同耗用的原材料费用。

（4）编制原材料费用分配的会计分录（要求列出成本项目）。

2. 人工费用的分配。

某企业本月份共发生工资费用 86 840 元，其中：基本生产车间生产工人工资 45 000 元，辅助生产车间生产工人及管理人员工资 14 400 元，基本生产车间管理人员工资 9 000 元，行政管理部门人员工资 11 600 元，专设销售机构人员工资 6 840 元。该企业基本生产车间本月份生产甲、乙两种产品，甲产品实际生产工时 4 500 小时，乙产品实际生产工时 3 500 小时。

【要求】

（1）按甲、乙两种产品的实际生产工时比例分配基本生产车间生产工人工资。

（2）编制本月份工资费用分配的会计分录（要求列出成本项目）。

3. 外购动力费用的分配。

某企业本月份共耗电 72 000 度，其中：基本生产车间生产产品耗电 54 000 度，基本生产车间照明用电 4 320 度；辅助生产车间耗电 8 100 度；行政管理部门用电 5 580 度。每度电的单价为 0.55 元。基本生产车间生产甲、乙两种产品，动力用电按生产工时比例分配，甲产品生产工时 32 000 小时，乙产品 18 000 小时。

【要求】

（1）各车间、部门按耗电度数和每度电的单价分配电费。

（2）基本生产车间产品用电按甲、乙产品生产工时比例分配。

（3）编制本月份分配电费的会计分录（要求列出成本项目）。

4. 辅助生产费用的分配。

某企业有供电和供水两个辅助生产车间，发生的辅助生产费用和提供劳务数量如下表：

辅助生产费用和劳务情况表

辅助生产车间名称		供电车间	供水车间
辅助生产费用合计		9 380（元）	7 920（元）
提供的劳务总量		14 400（度）	10 000（立方米）
各受益对象	供电车间		2 800
	供水车间	1 000	
	基本生产甲产品	4 320	
	基本生产乙产品	4 000	
	基本生产车间	2 880	4 800
	行政管理部门	2 200	2 400
合　计		14 400	10 000

【要求】

（1）采用直接分配法编制辅助生产费用分配表。

（2）编制辅助生产费用分配的会计分录。

辅助生产费用分配表（直接分配法）

项　目			供电车间	供水车间	合　计
待分配辅助生产费用					
对外提供的劳务数量					
分配率（单位成本）					
生产成本——基本生产成本	甲产品	耗用数量			
		分配金额			
	乙产品	耗用数量			
		分配金额			
制造费用		耗用数量			
		分配金额			
管理费用		耗用数量			
		分配金额			
合　计					

会计分录：

5. 制造费用的分配。

某企业基本生产车间本月份发生生产费用如下：

（1）领用一般消耗性材料 2 400 元；

（2）应付管理人员工资 8 000 元；

（3）照明、通风用电应分配电费 3 200 元；

（4）计提固定资产折旧费 15 400 元；

（5）摊销应由本月负担的固定资产租赁费 4 600 元；

（6）以现金支付差旅费 1 200 元；

（7）以银行存款支付劳动保护费、办公费、水电费等共计 4 380 元；

（8）接受辅助生产机修车间劳务应分配费用 2 820 元。

【要求】

（1）根据以上经济业务编制制造费用归集的会计分录。

（2）采用按生产工时比例法分配该车间的制造费用（该车间生产甲、乙、丙三种产品，本月份共消耗生产工时 14 000 小时，其中：甲产品 5 500 小时，乙产品 4 500 小时，丙产品 4 000 小时）。

（3）编制制造费用分配的会计分录（要求列出成本项目）。

6. 约当产量比例法。

某企业生产甲产品，月初在产品成本和本月发生的费用见下表：

甲产品月初在产品成本和本月生产费用

成本项目	直接材料	直接人工	制造费用	合　计
月初在产品成本	230 000	18 000	11 400	259 400
本月发生费用		45 000	30 000	75 000

本月完工产品 1 600 件，月末在产品 400 件，在产品完工程度 50%。原材料在生产开始时一次投入。

【要求】

（1）计算完工产品成本和月末在产品成本（列出料、工、费分配率算式）。

（2）登记"产品成本明细账"。

产品成本明细账

产品名称：A产品

完工产品产量1 600件

月末在产品数量400件，完工程度50%

成本项目	直接材料	直接人工	制造费用	合计
月初在产品成本				
本月生产费用				
生产费用合计				
费用分配率				
完工产品成本				
月末在产品成本				

7. 约当产量比例法。

某企业甲产品要经过三道工序连续加工才能完成，原材料是在生产开始时一次投入的，三道工序的工时定额和月末在产品的数量见甲产品月末在产品约当产量计算表，生产费用累计数见甲产品成本明细账，本月完工产品数量140件。

【要求】

（1）计算各工序在产品的完工率及约当产量。

（2）按约当产量比例法分配计算完工产品和在产品成本（列出料、工、费分配率算式）。

甲产品月末在产品约当产量计算表

工 序	工时定额	完工率（列出计算过程）	在产品数量	约当产量
1	30		20	
2	10		10	
3	10		30	
合 计	50		60	

产品成本明细账

产品名称:甲产品

项　目	直接材料	直接人工	制造费用	合　计
生产费用累计	45 000	6 480	9 720	61 200
完工产品成本				
月末在产品成本				

8. 在产品按定额成本计价。

某企业本月生产甲产品,月初在产品成本和本月生产费用合计为:直接材料 20 440 元,直接人工 15 840 元,制造费用 10 080 元,合计 46 360 元。该产品所耗原材料在生产开始时一次投入。月末在产品 50 件,单位产品原材料费用定额 40 元,月末在产品累计工时定额 250 小时,每小时费用定额分别为:直接人工 5.5 元,制造费用 3.8 元。

【要求】

(1) 计算月末在产品的定额原材料费用、定额人工费和定额制造费用。

(2) 计算完工产品成本并登记产品成本明细账。

产品成本明细账

成本项目	生产费用合计	月末在产品定额成本	完工产品成本
直接材料			
直接人工			
制造费用			
合　计			

9. 定额比例法。

某企业1月份丁产品成本明细账部分数据如下表：

产品成本明细账

摘　要		直接材料	直接人工	制造费用	合　计
月初在产品成本		2 400	2 000	1 800	6 200
本月生产费用		18 600	14 000	12 200	44 800
生产费用累计					
完工产品	定额	12 400	5 600	5 600	
	实际				
月末在产品	定额	7 600	2 400	2 400	
	实际				

要求：按定额比例法分配完工产品与月末在产品成本（其中：直接材料费用按定额费用比例分配，直接人工费用和制造费用按定额工时比例分配）。

10. 品种法。

某企业下设一个基本生产车间和一个辅助生产车间，基本生产车间生产A、B两种产品，采用品种法计算产品成本。5月份发生的经济业务如下：

（1）基本生产车间本月份领用材料情况如下：A产品领用材料22 000元，B产品领用材料33 000元，A、B产品共同耗用材料44 000元（按A、B产品的定额消耗量比例进行分配，A产品的定额消耗量4 000千克，B产品的定额消耗量1 000千克），基本生产车间领用一般消耗性材料11 000元；辅助生产车间领用材料13 200元，共计123 200元。

计算过程及会计分录：

（2）基本生产车间生产工人工资 48 000 元（按 A、B 产品耗用的生产工时比例进行分配，A 产品的生产工时为 6 000 小时，B 产品的生产工时为 2 000 小时），基本生产车间管理人员工资 8 800 元；辅助生产车间工人及管理人员工资共 16 500 元，共计 73 300 元。

计算过程及会计分录：

（3）基本生产车间本月应计折旧 2 200 元；辅助生产车间本月应计折旧 1 800 元。

会计分录：

（4）基本生产车间发生其他支出 11 920 元；辅助生产车间本月发生其他支出 4 500 元；共计 16 420 元，均通过银行办理转账结算。

会计分录：

（5）辅助生产车间（机修车间）提供劳务 9 000 小时，其中：为基本生产车间提供 8 000 小时，为行政管理部门提供 1 000 小时，辅助生产费用按谁受益谁负担费用的原则分配。

计算过程及会计分录：

（6）基本生产车间发生的制造费用按 A、B 产品生产工时比例分配。

计算过程及会计分录：

【要求】

（1）根据（1）—（6）所述经济业务进行要素费用的分配并编制会计分录。

（2）根据以上会计分录登记 A、B 产品成本明细账，并分配计算完工产品成本和月末在产品成本。其中：

A 产品采用定额比例法分配完工产品和月末在产品费用，完工产品定额原材料费用 67 200 元，月末在产品定额原材料费用 16 800 元；完工产品定额工时 7 000 小时，月末在产品定额工时 3 000 小时。

B 产品采用在产品按定额成本计价法，原材料随着生产进度陆续投料，月末在产品数量 500 件，完工程度为 70%，单位产品材料定额消耗量为 5 千克，每千克材料计划单价为 6 元；单位产品定额工时为 8 小时，每小时直接人工费用为 3 元，每小时制造费用为 4 元。

（3）根据产品成本明细账编制结转完工产品成本的会计分录。

会计分录：

产品成本明细账

产品名称：A 产品

项　目	直接材料	直接人工	制造费用	合　计
月初在产品成本	35 200	26 180	36 520	97 900
本月生产费用				
生产费用合计				
分配率				
完工产品成本				
月末在产品成本				

各成本项目费用分配率：

产品成本明细账

产品名称：B产品

项　　目	直接材料	直接人工	制造费用	合　　计
月初在产品成本	19 800	7 700	11 000	38 500
本月生产费用				
生产费用合计				
完工产品成本				
月末在产品成本				

月末在产品定额成本的计算：

11. 综合结转分步法。

某企业乙产品生产分两个步骤，分别由两个车间进行。有关资料见产品成本明细账。

要求：采用综合结转分步法计算乙产品第一、第二步骤（车间）完工产品成本（第一步骤完工的半成品全部为第二步骤领用，不通过半成品库收发）。

【要求】

（1）登记第一、第二车间产品成本明细账。

（2）编制完工产品入库的会计分录。

产品成本明细账

第一车间：乙半成品

项 目	原材料	工资及福利费	制造费用	合 计
月初在产品成本	6 000	800	1 600	8 400
本月生产费用	8 000	2 200	7 400	17 600
生产费用累计				
完工产品成本				
月末在产品成本	6 000	1 000	4 000	11 000

产品成本明细账

第二车间：乙产成品

项 目	半成品	工资及福利费	制造费用	合 计
月初在产品成本	3 000	1 500	500	5 000
本月生产费用		8 000	3 000	
生产费用累计				
完工产品成本				
月末在产品成本	4 500	1 600	600	6 700

会计分录：

12. 综合结转分步法成本还原。

甲产品经过两个车间连续加工制成，采用逐步结转分步法中的综合结转法，两个车间成本资料如下：

项 目	半成品	直接材料	直接人工	制造费用	合 计
第一车间完工半成品成本		9 450	6 500	8 370	24 320
第二车间完工产成品成本	29 184		7 030	9 286	45 500

【要求】

（1）计算还原分配率。

（2）进行成本还原，计算按原始成本项目反映的产成品成本。

产成品成本还原计算表

产品名称:丙产品

产量:1 000 件   单位:元

项　　目	半成品	直接材料	直接人工	制造费用	合　　计
还原前产成品成本					
本月所产半成品成本					
产成品所耗半成品成本还原					
还原后产成品总成本					
还原后产成品单位成本					

还原分配率 =

13. 逐步结转分步法——综合结转。

某企业下设一个基本生产车间,分两个生产步骤大量大批生产甲产品,采用逐步综合结转分步法计算产品成本。第一生产步骤加工完成的半成品直接转入第二生产步骤,不通过仓库收发。该车间的直接人工费用和制造费用按生产工时比例在第一和第二生产步骤之间进行分配。该车间10月份发生经济业务如下:

(1) 领用材料43 000元,其中第一生产步骤甲产品耗用40 000元,基本生产车间机物料消耗3 000元。

(2) 分配工资费用15 000元,其中生产工人工资13 000元(第一生产步骤生产工时3 500小时,第二生产步骤生产工时1 500小时),车间管理人员工资2 000元。

(3) 计提固定资产折旧费2 600元。

(4) 用银行存款支付其他支出1 400元。

(5) 第一生产步骤完工半成品800件,第二生产步骤完工产成品1 000件,各生产步骤月末在产品均按定额成本计价(定额成本已列示在各生产步骤产品成本明细账上)。

【要求】

(1) 根据(1)—(4)所述经济业务进行要素费用的分配并编制会计分录。

(2) 编制制造费用分配的会计分录。

(3) 根据会计分录登记第一、第二步骤产品成本明细账,计算完工产品和月末在产品费用,并编制结转完工半成品成本的会计分录。

(4) 编制完工产品入库的会计分录。

（5）进行成本还原。

会计分录：

产品成本明细账

第一步骤：甲半成品

项　目	直接材料	直接人工	制造费用	合　计
月初在产品定额成本	39 000	6 939	4 050	49 989
本月生产费用				
生产费用合计				
完工半成品成本				
月末在产品定额成本	13 000	2 313	1 350	16 663

产品成本明细账

第二步骤：甲产成品

项　目	半成品	直接人工	制造费用	合　计
月初在产品定额成本	9 000	1 108	600	10 708
本月生产费用				
生产费用合计				
完工产成品成本				
月末在产品定额成本	4 500	554	300	5 354

产品成本还原计算表

产品名称：甲产成品

项　目	还原分配率	半成品	直接材料	直接人工	制造费用	合　计
还原前产成品成本						
本月所产半成品成本						

项 目	还原分配率	半成品	直接材料	直接人工	制造费用	合 计
半成品成本还原						
还原后产成品成本						
还原后产成品单位成本						

14. 分类法。

某企业用同样的材料、同样的工艺技术过程生产 A、B、C 三种不同型号、规格的产品,根据生产特点和管理要求,将以上三种相近产品合并为甲类计算成本。类内各种产品费用分配标准:直接材料费用按材料定额系数分配(定额系数按材料定额费用比例计算确定),选择甲产品为标准产品,加工费用按定额工时比例分配。

【要求】

(1)计算直接材料费用系数(以 A 产品为标准产品)、直接材料费用总系数和产品定额工时。

(2)计算甲类产品内各种产品的成本。

(3)编制完工产品验收入库的会计分录。

直接材料费用系数和定额工时计算表

产品名称	产量(件)	单位产品直接材料费用定额	直接材料费用系数	直接材料费用总系列系数	单位产品工时消耗定额	定额工时
	①	②	③	④＝①×③	⑤	⑥＝①×⑤
A	100	216			72	
B	200	237.6			108	
C	120	324			135	
合计						

直接材料费用系数计算过程：

A产品：

B产品：

C产品：

甲类产品成本明细账

产品名称：甲类产品

成本项目	直接材料	直接人工	制造费用	合 计
月初在产品成本	8 100	4 590	2 826	15 516
本月生产费用	89 100	73 530	41 454	204 084
生产费用合计	97 200	78 120	44 280	219 600
完工产品成本	86 400	72 000	40 500	198 900
月末在产品成本	10 800	6 120	3 780	20 700

甲类产品成本计算表

项 目	直接材料费用总系数	定额工时	产品成本项目			完工产品总成本
			直接材料	直接人工	制造费用	
分配率						
A产品						
B产品						
C产品						
合计						

完工产品验收入库的会计分录：

15. 直接材料定额成本的计算。

某企业生产甲产品需耗用 A、B 两种材料,单位产品直接材料定额消耗量为:耗用 A 材料 8 千克,每千克材料计划单价为 12.5 元;耗用 B 材料 10 千克,每千克材料计划单价为 9.5 元。

【要求】

计算甲产品直接材料定额成本。

16. 直接材料脱离定额差异的计算。

某车间生产乙产品,限额领料单规定的产品数量为 2 000 件,每件产品的直接材料消耗定额为 6 千克,领料限额为 12 000 千克,本月实际领料 11 600 千克。该车间期初结存材料 200 千克,期末结存材料 240 千克,每千克材料计划单价为 7.8 元。

【要求】

计算乙产品直接材料脱离定额差异。

17. 材料成本差异的计算。

某企业生产丙产品本月份所耗原材料定额成本为 58 608 元,材料脱离定额差异为超支 792 元,材料成本差异率为 -1%。

【要求】

计算丙产品应分配的材料成本差异。

18. 定额变动差异的计算。

某产品从本月 1 日起实行新的材料消耗定额，单位产品旧的材料费用定额为 200 元，新的材料费用定额为 190 元，该产品月初在产品成本按旧定额计算的材料定额费用为 8 000 元。

【要求】

（1）计算定额变动系数。

（2）计算月初在产品定额变动差异。

19. 成本报表分析。

某企业甲产品单位产品直接材料计划费用为 8 400 元，实际单位成本 8 316 元。单位产品直接材料消耗数量为：计划 84 千克，实际 92.4 千克；材料单价为：计划 100 元，实际 90 元。

【要求】

（1）计算单位产品直接材料费用实际脱离计划的差异。

（2）采用差额计算分析法，分别计算由于材料消耗量变动、材料价格变动对直接材料费用的影响。

20. 成本报表分析。

某企业本年生产甲、乙两种可比产品,有关产量和单位成本资料见产品生产成本表。

产品生产成本表(按产品种类反映)

产品名称	计量单位	实际产量		单位成本				本月总成本			本年累计总成本		
		本月	本年累计	上年实际平均	本年计划	本月实际	本年累计实际平均	按上年实际平均单位成本计算	按本年计划单位成本计算	本月实际	按上年实际平均单位成本计算	按本年计划单位成本计算	本年实际
甲产品	件	100	1 080	200	190	180	185						
乙产品	件	80	1 000	180	160	155	160						
合计													

【要求】

(1) 计算、填列产品生产成本表(按产品种类反映)。

(2) 计算可比产品成本降低额、降低率。